中国农户金融信贷行为及风险控制机制研究

—— 基于行为博弈均衡、机制设计及农户调查数据的实证检验

童毛弟　王冀宁◎著

图书在版编目(CIP)数据

中国农户金融信贷行为及风险控制机制研究：基于行为博弈均衡、机制设计及农户调查数据的实证检验／童毛弟，王冀宁著. —— 南京：河海大学出版社，2018.12

ISBN 978-7-5630-5789-4

Ⅰ. ①中… Ⅱ. ①童… ②王… Ⅲ. ①农业信贷—贷款风险管理—研究—中国 Ⅳ. ①F832.43

中国版本图书馆 CIP 数据核字(2018)第 284445 号

书　　名／	中国农户金融信贷行为及风险控制机制研究
	——基于行为博弈均衡、机制设计及农户调查数据的实证检验
书　　号／	ISBN 978-7-5630-5789-4
责任编辑／	卢蓓蓓　曾雪梅
封面设计／	徐娟娟
出版发行／	河海大学出版社
地　　址／	南京市西康路1号(邮编:210098)
网　　址／	http://www.hhup.com
电　　话／	(025)83737852(总编室)　(025)83722833(营销部)　(025)83786934(编辑室)
经　　销／	江苏省新华发行集团有限公司
排　　版／	南京布克文化发展有限公司
印　　刷／	虎彩印艺股份有限公司
开　　本／	787 毫米×960 毫米　1/16
印　　张／	7.75
字　　数／	135 千字
版　　次／	2018 年 12 月第 1 版
印　　次／	2018 年 12 月第 1 次印刷
定　　价／	58.00 元

摘　要

解决农村贫困问题、实现农民小康生活,是实施"乡村振兴战略"和推进社会主义新农村建设的重点工作。随着农业经济的发展和农村产业结构的调整,农户资金需求总量逐步扩大,需求范围进一步拓宽,农村金融市场的缺陷和农村金融体系的缺位导致信贷供求失衡。同时,由于受农户自身认知水平和生活环境等因素的限制,农户在金融信贷问题上存在着认知与行为偏差,农户贷款难问题依然突出,已经严重制约了农村经济及社会的全面发展。

本书首先通过文献研究对农户信贷风险类型与成因进行了比较全面的梳理,探求现行金融信贷机制缺陷的根源和农户信贷行为风险的主要存在形式;其次,借助于博弈论与信息经济学理论,构建多个博弈均衡模型来刻画农户金融信贷过程中各利益方的均衡态势,反映了农户金融信贷行为的演化变迁过程,并用 MatLab 对博弈变量的相互间关系进行了形象的描述;再次,创新地引入机制设计理论,进一步对农户信贷风险的控制机制进行了探索,发现信息不对称是带来风险的主要原因,在信贷过程中,存在一个最优的还贷类型;进而,通过对江苏 13 市农民贷款调查问卷数据进行了实证研究,考察哪些主要因素会影响农户信贷,创新性地构建了 SEM 结构方程模型,揭示了影响农户信贷主要因素之间的相互关系;最后,从全局性的角度对如何防范农户信贷风险提出了针对性建议,为不断深化农村金融体制改革和发展农村金融活动提供了切实有效的理论借鉴和指导。

关键词:行为金融;农户信贷;博弈均衡;SEM 模型

目录

第一章 绪论 ·· 001
  1.1 研究背景 ·· 001
    1.1.1 问题的提出 ·· 001
    1.1.2 研究的意义 ·· 002
  1.2 本书结构安排、技术路线和创新点 ································ 002
    1.2.1 本书的结构安排 ·· 002
    1.2.2 本书的创新点 ··· 003
    1.2.3 本书的技术路线 ·· 003
  1.3 相关概念界定和研究方法说明 ······································ 004
    1.3.1 相关概念界定 ··· 004
    1.3.2 研究方法说明 ··· 005
  1.4 文献综述 ·· 006
    1.4.1 农户金融信贷行为的国内研究综述 ······················· 006
    1.4.2 农户金融信贷行为的国外研究综述 ······················· 008

第二章 理论基础 ··· 011
  2.1 行为金融及其对于农户金融的应用研究概述 ··················· 011
    2.1.1 农户的认知偏差对农户的贷款行为的影响分析 ········ 012
    2.1.2 农户的行为偏差对农户的贷款行为的影响分析 ········ 015
    2.1.3 金融机构对农户的贷款行为的影响分析 ················· 016
    2.1.4 金融机构及农户的认知、行为偏差的交互作用 ········ 018
  2.2 机制设计理论及其对于农户金融的应用研究简述 ············· 020

第三章 农户金融信贷风险类型及成因 ·················· 022
3.1 农户金融信贷风险的类型简述 ·················· 023
3.2 农户信贷中的"逆向选择"和"道德风险" ·················· 024
3.3 农户自身存在的各种认知和行为偏差及其引发的风险 ·················· 025
3.4 农村金融机构管理体制缺位所产生的风险 ·················· 025
3.4.1 法人治理不合理及其风险 ·················· 025
3.4.2 农户信用风险管理的政策目标不明确 ·················· 030
3.5 农村金融信贷风险的成因简析 ·················· 030
3.6 本章小结 ·················· 033

第四章 农户金融信贷行为博弈分析 ·················· 034
4.1 农户金融信贷的行为博弈与强化机制简述 ·················· 034
4.2 农户金融信贷行为博弈均衡分析 ·················· 036
4.2.1 博弈模型前提假设 ·················· 036
4.2.2 农户与金融机构的均衡效用分析 ·················· 038
4.3 农户与金融机构信贷行为博弈分析 ·················· 040
4.3.1 博弈模型描述及设定 ·················· 040
4.3.2 农户金融信贷行为的激励强化机制分析 ·················· 044
4.3.3 博弈均衡的图形分析 ·················· 045
4.4 农户贷款行为动机与金融机构的行为动机博弈分析 ·················· 047
4.4.1 博弈模型前提假设 ·················· 047
4.4.2 博弈结果分析 ·················· 049
4.5 本章小结 ·················· 050

第五章 基于机制设计的农户金融信贷风险控制研究 ·················· 053
5.1 农户金融信贷风险控制的博弈机制 ·················· 053
5.1.1 农户金融信贷控制机制设计的现状 ·················· 053
5.1.2 博弈模型前提假设 ·················· 053
5.1.3 利益方的收益函数 ·················· 054
5.1.4 基于机制设计的博弈分析模型 ·················· 056

目 录

  5.2 基于农户联保机制的农户间博弈机制设计 ………………… 057
      5.2.1 农户联保机制的发展与现状 ………………………… 057
      5.2.2 模型的构建与分析 …………………………………… 058
      5.2.3 农户联保贷款存在的问题 …………………………… 060
  5.3 农户与信贷机构学习演化的博弈机制设计 ………………… 062
      5.3.1 学习演化的博弈机制背景介绍 ……………………… 062
      5.3.2 博弈假设 ……………………………………………… 062
      5.3.3 博弈均衡分析 ………………………………………… 063
  5.4 农户金融信贷风险的控制机制体系设计 …………………… 066
  5.5 本章小结 ……………………………………………………… 067

第六章　农户金融信贷行为及风险的实证研究 ………………… 070
  6.1 农户金融信贷行为调查的背景 ……………………………… 070
  6.2 农户金融信贷的风险控制机制缺陷 ………………………… 074
      6.2.1 贷款监测、预警机制及考核机制缺位 ……………… 074
      6.2.2 金融机构对农户信贷扶持的缺位 …………………… 075
      6.2.3 内控管理、组织宣传及政策缺位 …………………… 077
  6.3 基于行为金融学的农户金融信贷行为假设 ………………… 080
  6.4 调查问卷的设计和样本确定 ………………………………… 083
      6.4.1 问卷设计 ……………………………………………… 083
      6.4.2 样本确定 ……………………………………………… 083
  6.5 农户信贷行为调查数据描述性分析 ………………………… 084
  6.6 农户信贷行为调查数据的实证检验 ………………………… 086
      6.6.1 非参数检验 …………………………………………… 086
      6.6.2 结构方程模型构建和结果分析 ……………………… 091

第七章　防范农户金融信贷风险的对策建议 …………………… 099
  7.1 完善针对农户的金融信贷体系的管理 ……………………… 099
      7.1.1 针对农户的小额信贷网点的建设 …………………… 099
      7.1.2 积极发展农村民间非银行金融机构 ………………… 099

7.1.3 建立与农业生产周期相适应的农户信贷制度 ……………… 100
7.1.4 建立完善农户信用档案制度 ……………………………… 101
7.1.5 防范农村信贷资金的"非农化"倾向 …………………… 101
7.1.6 提高农村金融机构的服务水平 …………………………… 101
7.1.7 建立政策性农户信贷保险制度 …………………………… 102
7.1.8 坚持农户信贷资金的规范化、制度化操作 ……………… 102
7.2 规避农户金融信贷中的偏差、防范信贷风险 ……………………… 102
7.2.1 提高农户对于信贷心理行为风险的认知度 …………… 102
7.2.2 高度重视农户自身存在的认知偏差和行为偏差 ……… 103
7.2.3 金融机构应理解农户的认知和行为偏差并适度扶持农户 … 103
7.2.4 监管机构应提供激励政策解决农户贷款难问题 ……… 103
7.2.5 规范农户贷款的合理渠道、防范民间借贷风险 ……… 104
7.2.6 真正培育农户的科技竞争力和适应市场经济的能力 …… 104
7.3 改革农村金融机构体制，完善法人治理 ……………………………… 104
7.3.1 完善农村金融机构的法人治理 …………………………… 104
7.3.2 完善农村金融机构的治理机制 …………………………… 106
7.3.3 健全风险管理组织架构 …………………………………… 106
7.4 明确农户金融信贷风险控制的政策目标 ……………………………… 108

第八章 结束语 ……………………………………………………………… 109
8.1 本书的不足 ………………………………………………………… 109
8.2 未来研究展望 ……………………………………………………… 109

第九章 附录 ………………………………………………………………… 110

参考文献 …………………………………………………………………… 114

致　谢 ……………………………………………………………………… 116

第一章 绪 论

1.1 研究背景

1.1.1 问题的提出

近年来,科教兴国战略的大力实施和农村经济的快速发展极大地提高了我国农村的生产力水平。农业生产开始由单一化向多元化方向发展,传统农业逐渐被现代农业所取代。这样的发展背景导致了农村劳动力的过剩,剩余劳动力一部分被城市吸收,另一部分开始从事农副及加工业等有机结合的新型产业。然而,新型产业发展需要大量的资金支持。因此,农户信贷的需求不断扩大,并向纵深方向发展。同时,发展农业、构建新农村、解决"三农"问题等都迫切需要加强农业科技创新,加大对农户金融的扶持力度,需要从以往单一的农业救济补助改为提供金融服务、信息支撑、科技支持及市场流动。

纵观历史发展进程,农村资金一直是各国各级政府所面临的具有挑战性的问题。传统农业融资理论认为,农村居民,特别是贫困农户,由没有储蓄能力导致用于生产投资的资金不足;由于农业产业的特性(主要包括收入的不确定性、投资的长期性、低收益性等方面),农户难以成为以盈利为目标的众多商业银行的融资对象。国内外的实践和大量的研究表明,政府贴息向农村人口提供金融服务的政策成本昂贵且对农户收效甚微。而且,这种政策的实施最终导致的结果是:利率补贴的利益主要由富人攫取,穷人很难受益。因此,印度、孟加拉等国建立的通过正式金融机构开展小额信贷的模式在很大程度上填补了这一空缺。同时,由于一些中小金融机构[①]一般无法

[①] 这里的中小金融机构即指在许多发展中国家普遍存在的规模较小、具有一定地方性的私营商业金融机构。这样的金融机构在拉美、非洲国家都广泛存在,但是在中国还没有得到太大的发展。

与大银行集团相抗衡,于是重点着眼于对新市场的开拓上,小额信贷市场为其提供了广阔的发展空间和良好的发展前景。

由于中国一些金融体制不健全和农村金融市场发展的相对落后,加上农户自身认知、行为偏差等因素加重了金融机构的外部性约束,从而加深了农户贷款的困境。因此,如何提供有效的农村金融支持服务以及满足农户的信贷需求是农村经济发展必须要解决的关键问题,也是解决农村生产结构优化问题和提升农业生产水平的关键所在。

1.1.2 研究的意义

由于受农户认知水平的制约和影响,农户的信贷活动成为一项高风险的金融活动。因此,通过对农户信贷行为及风险防范机制的研究,构建合理有效的农村金融信贷服务机制,优化农村信贷服务体系,一方面有助于提高农村生产力发展水平,增加农户生产收入,提高农村居民生活水平;另一方面也有助于弱化农村信贷风险;同时有利于加快农业、工业和第三产业的和谐健康发展,促进全面建设小康社会的稳步发展。最后,本书通过改善农村金融信贷服务环境,建立有利于贫困农户信贷风险补偿、扩散、转移的信贷服务机制,为社会主义新农村建设提供强大的金融信贷支持。

1.2 本书结构安排、技术路线和创新点

1.2.1 本书的结构安排

本书研究的对象是中国农户金融信贷行为及其风险控制机制。本书共分为七章,重点通过分析农户信贷风险的成因,借助于博弈理论、机制设计理论和 SEM 方程等工具,建立切实有效的风险控制机制,降低农户的信贷风险。

第一章,绪论部分,主要介绍了研究的背景、本书的结构安排、本书的创新点,对相关概念的界定,对农户信贷的国内外研究状况的梳理。

第二章,主要对行为金融学、机制设计理论及其对于农户金融的应用研究状况进行了阐述。

第三章,主要对农户信贷风险类型与形成机理进行了比较深入的文献研究,为本书的研究提供理论基础。

第四章，主要通过建立博弈模型，研究农户与金融机构信贷、农户与农村各级管理机构金融信贷行为及农户金融信贷行为的演化变迁。

第五章，主要通过博弈模型分析构建农户信贷风险控制的激励机制、联保机制和监督与惩罚机制，探索农户金融信贷风险控制机制设计的体系。

第六章，基于调查问卷数据对影响农户贷款困境的因素进行了检验，通过建立SEM结构方程来研究各个因素之间的影响关系，从而探索影响农户信贷困难的成因。

第七章，根据研究结果提出相应的农户金融信贷风险防范的政策建议。

第八章，总结了本书尚存在的不足以及未来研究展望。

1.2.2 本书的创新点

本书的创新点主要在以下几方面：

（1）对农户信贷风险类型与形成机理进行了比较全面的梳理，在国内既有的研究中有一定的创新性。

（2）构建了多个博弈均衡模型刻画了农户金融信贷过程中各利益方的均衡态势，反映了农户金融信贷行为的演化变迁过程，在国内相关的研究中具有一定的创新性。

（3）引入机制设计理论，对农户信贷风险的控制机制进行了探索。目前国内此方面研究很少，本书具有一定的创新性。

（4）采用入户式调查访谈，对江苏省13市农户进行了大规模的调查，获得大量可靠的数据，创新性地构建了SEM结构方程模型进行研究，国内尚无类似的实证研究。

1.2.3 本书的技术路线

针对农户金融信贷的现状，本书拟采用定性分析与定量分析相结合的方法，以计量经济学、西方经济学、货币金融学、现代企业管理、信息经济学和博弈论等理论为依托，分析农户金融信贷的成因；并在此基础上通过利益相关体的博弈模型及结构方程模型的建立，系统分析我国农户信贷行为中存在的认知与行为偏差的成因，探究其对农户信贷困境的影响，并以农户信贷调查数据为基础进行实证研究，最后结合中国农村金融体制改革的方向，提出防范农户金融信贷行为风险的对策建议（如图1-1）。

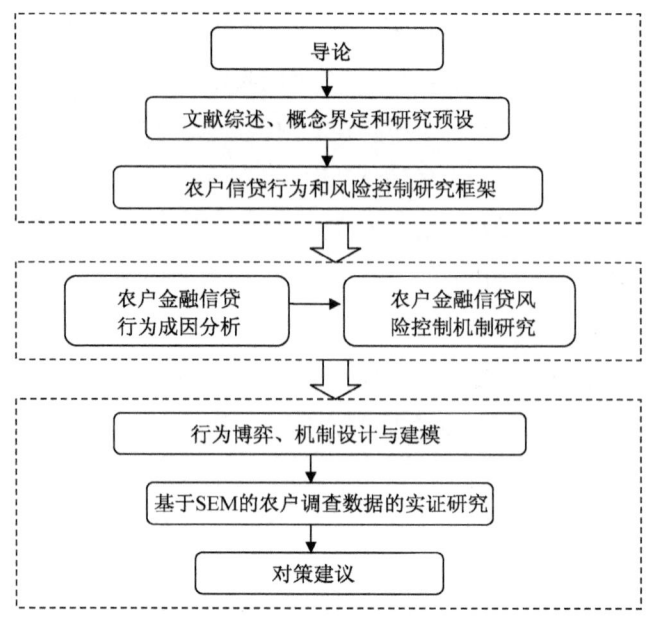

图 1-1 技术路线

1.3 相关概念界定和研究方法说明

1.3.1 相关概念界定

本书主要基于行为金融视角,通过博弈均衡建模及实证检验分析两个角度研究农户信贷行为。同时,通过对现有风险控制机制的研究来发现其中存在的缺陷,并提出针对性的建议。

- **小额信贷**也称微型企业信贷或简称微型信贷,在引入中国时被译为小额信贷。小额信贷最初被认为是一种有效的扶贫方式[1]。随着小额信贷的发展,它发挥了越来越重要的金融功能。在本书中,对小额信贷的理解我们将采用一种发展的观点,将它定义为"一种由扶贫小额信贷制度发展而来的,针对中低收入群体的金融需求的信贷机制及金融产品"。因此,中国农村信用社开展的农户小额贷款属于小额信贷的范畴。

- **运行机制**是指金融机构采用小额信贷方式向中低收入群体提供金融服务,

---

[1] 像大多数发展中国家一样,小额信贷主要着眼于中低收入群体,中国农村广大的农户是其主要的需求者。

从而建立起来的金融机构、金融产品（小额信贷产品）、中低收入群体（主要是指农户，小额信贷的主要需求者）之间的良性循环和协调发展的关系。

• **行为金融学**可以看作是心理学与金融学的结合，主要研究人们在信贷与投资决策过程中认知、情感、态度等心理特征，以及由此引起的市场非有效性。作为一个新兴的研究领域，行为金融的内涵至今还没有一个为学术界所公认的严格定义。行为金融学的研究思想相对于传统经济学是一种逆向的逻辑。传统经济理论是首先创造思想，然后逐步走向现实，关注在中心思想情况下应该发生什么；而行为金融理论则是以以往的经验关注实际上发生了什么以及深层的原因是什么。这种逻辑是一种现实的逻辑、发现式的逻辑。从最根本上来说，行为金融学研究的是市场参与者表现出来的是怎样的真实情况，以及通过市场参与者表现出来的一些特性来解释一些金融现象。在现实中市场活动的参与主体存在诸多的认知偏差、行为偏差。

• **认知偏差**是指人们根据一定表现的现象或虚假的信息而对他人作出判断，从而出现判断失误或判断本身与判断对象的真实情况不相符合。由于农民长期所处的比较贫困的环境和相对落后的观念也会对农民的信贷行为产生影响，且农民自身的性格、生理因素等使其在贷款的问题上容易产生种种认识上的偏差，本书称之为**农户信贷的认知偏差**。农户对于贷款在使用过程中还存在种种**行为偏差**，这种偏差造成其安排使用贷款的随意性，更加重了其贷款困境。

• **委托代理**理论是信息经济学的基础，在信息经济学的文献中，常常将博弈中拥有私人信息的参与人称为"代理人"，不拥有私人信息的参与人称为"委托人"。在委托代理的框架下，有隐藏行动的道德风险模型，隐藏信息的道德风险模型和逆向选择模型，本书提出的农户的信贷问题就是一个隐藏行动的逆向选择问题，而信号传递和信息甄别是解决逆向选择的两种方法。

• **"逆向选择"和"道德风险"**是农户及金融机构需要尽量避免的，"逆向选择"的含义与信息不对称和机会主义行为有关，是一种不合理经济制度下的市场资源配置扭曲的现象。"道德风险"是代理人签订合约后隐藏行为，由于代理人和委托人信息不对称，会给委托人带来损失。

1.3.2 研究方法说明

1. 系统分析方法

将整个农村金融市场作为一个完整的研究系统，小额信贷是农村金融系统中的一个重要内容,以此展开研究。即以整个农村金融的发展作为研究背景,讨论正规金融机构小额信贷的运行机制,并且在此基础上对其进行绩效评价。

2. 市场均衡分析方法

将金融机构小额信贷的运行纳入市场的框架,分别对市场的需求者(主要是农户)、供给者(农村信用社)及其提供的产品进行研究,分析如何以高效的金融产品(小额信贷产品)满足市场需求,从而实现供给者在经济上的可行性。

3. 行为金融研究方法

运用行为金融学中研究的方法,对农户及农村小额信贷市场进行研究。分析金融机构开展小额信贷的过程、作为需求者的农户的行为特征。同时,由于政府在其中的作用也不容忽视,因此将在市场分析的基础上进一步对政府的规制进行讨论。

4. 数理和计算分析方法

(1) 通过建立博弈模型来进行博弈均衡研究。

(2) 结合实证的资料进行统计分析。

本书中实证章节的调查数据主要来源于江苏省13市的农户。因为江苏省的经济水平在全国范围来看分布比较平均,数据具有一定的代表性,所以可以为本书的实证检验提供比较可靠的数据支撑。

1.4 文献综述

1.4.1 农户金融信贷行为的国内研究综述

联合国较早地将小额信贷介绍到中国。至20世纪80年代末小额信贷作为扶贫手段开始被广泛地利用,其倾向于向最贫困的农民家庭而不是向贫困地区贷款[1]①。

我国目前农村小额贷款需求与供给状况有以下特点:需求远远大于供给,农村小额信贷主要依靠民间资本供给,资金需求量大、授信额度小。虽然农村信用社在中国一直被认为是农户自己的合作金融组织,政府更赋予其向农户提供信贷服务

---

① 当前中国小额信贷项目可归纳为三大类型:1. 以国际机构捐助或贷款为资金来源,以民间或半官半民组织形式为运作机构的小额信贷试验项目;2. 以国家财政资金和扶贫贴息贷款为资金来源,以政府机构和金融机构(农业银行)为运作机构的政策性小额贷款扶贫项目;3. 以农信社存款和央行再贷款为资金来源开展的农户小额信用贷款和联保贷款。

的义务①。

王冀宁[2]通过对农民贷款调查问卷数据的实证研究,建立 SEM 结构方程模型,分析得出除了金融机构的外部性约束外,农户对于贷款的认知偏差、在贷款使用过程中的行为偏差也是形成农户贷款困境的重要因素,金融机构的外部性约束、农户自身的认知偏差和行为偏差交织影响,导致农户信贷困境愈陷愈深。

近年来,纵观国内学者对农户借贷行为的研究,主要是围绕农户借贷行为及影响因素来展开的。其中,关于农户借贷行为模式,研究者主要从借贷发生频率、借贷规模、借贷资金来源、借贷资金运用结构等方面,对农户借贷行为进行了较为系统的分析。这些研究在一定程度上反映了农户借贷行为的特征以及农村金融市场运行的基本态势。

对于农户金融需求方面,农户对金融的需求与金融行为尚未建立直接联系,农户对资金的需求特别是小额贷款主要由民间私人借贷提供或者通过非正规渠道获得[3,4],从农户金融需求结构来看,主要是对生产资料的购买以及教育和医疗等方面的生活性金融需求较大[6],农户对金融的需求状况影响农村正规金融和非正规金融扮演不同的角色,但有调查显示,正规金融机构是农户在进行金融机构选择时候的第一意向机构[4,5]。农户金融信贷服务需求主要包括三个方面:一是一般储蓄需求,即对生活耐用品的消费进行基础的资本积累;二是对家庭紧急消费的保障;三是进行金融信贷理财投资[7]。从宏观层面来看,农户金融需求得以满足是农村金融服务三农的有效体现,在一定程度上能够检验农村金融组织的运行成效;从微观层面来看,由于农户普遍金融信贷额度较低、多数农户欠缺有效的信贷抵押物、农户金融信贷激励机制有待完善,造成正规金融对农户放贷的意愿降低,农户金融需求往往趋向于民间借贷渠道[8]。不同类型的农户对金融需求呈现不同特征,如对农户类型进行具体划分,可划分为贫困型农户、维持型农户、市场型农户,贫困型农户金融需求呈现出对基本生活和农业生产保障的特点,维持型农户金融需求可通过信用贷款以维持生活和农业生产需求,市场型农户金融需求通过银行贷款满足专业化技能化农业生产需求[9,10]。虽然不同类型的农户金融需求各有不同,但

---

① 对于农村信用社的合作性质在理论界有着不同的认识,有些学者甚至认为正规的合作金融在中国根本没有存在过。但是从金融法律法规的认定上来看,农村信用社是一直被当作合作金融组织而存在的。而对于政府所赋予的农村信用社"支农"的义务而言,这与农村信用社的经营性目标显然存在一定的矛盾。在此且不作讨论。

农户金融信贷需求受到的制约问题却是大同小异,一方面农户申请信贷获贷比例普遍不高,另一方面贫困农户获得足额贷款的比例偏低[5]。

农户对金融信用的强烈意愿,促进了农村正规金融主力军机构即农村信用社的发展[3,11],同时也让农村非正规金融这种非组织化和非制度化的机构有机可趁,如赢利性私人借贷和互助性私人借贷[4],而这种非正式非正规金融作为农户金融信贷的补充有其存在的客观性[7]。农户存在金融信贷需求,但是农户融资困难、行为受阻已是普遍现象[12],农户有强烈的融资意愿但其消费信贷需求受到农户耕地面积限制以及农户自身文化程度和年龄限制,农户自身文化程度表现在农户对现行的信贷金融制度知识欠缺学习兴趣,学习意识较差[3]。对于富裕农户的金融信贷意愿与贫困或普通农户的金融信贷意愿,二者在获取贷款方面受到不同程度的回应,即富裕农户往往得到正规金融机构的贷款下拨,贫困或普通农户由于缺乏优质的社会资本,只得向非正规金融机构获取贷款资源[13,14]。农户自身在金融信贷的选择方面处于弱势地位,一方面金融机构贷款申请周期长容易耽误农时且申请程序复杂,另一方面金融贷款信息透明度偏低、贷款风险和信用环境差、农户贷款体量小而多造成农户金融行为成本较高、农户缺乏优质抵押物,由此造成大部分农户难以从正规金融机构中得到贷款[12,15,16]。对农户金融信贷行为进行研究,包括研究贫困农户现状以及农户金融信贷需求特征,有助于农村农户金融信贷服务体系的多层次和体系化建设,有助于提高对农户的金融服务水平[7]。

在农户金融信贷行为研究方法方面,很多学者对农户金融信贷行为采取实证调研方法,通过调查研究农村金融需求的现状、困难农户类型、正规及非正规金融机构的供给状况等进行样本数据分析,从而进一步分析农户金融信贷行为[3,4,13,16],也有学者通过建立计量模型对农户金融行为进行行为特征分析,包括农户的投资性质、农户的存款行为、农户的住房建设[14],或运用 biprobit 模型和 Match 模型对农户金融抑制的程度进行计量分析,并通过分析农户需求的正显著影响因子和负显著影响因子,得出鼓励建立混合制的农村农户信贷市场的结果,也有学者用信息成本理论和契约理论构建理论框架,分析农户在金融信贷中由于信息不对称容易造成金融机构逆向选择并带来农户道德风险。

1.4.2 农户金融信贷行为的国外研究综述

20世纪60年代末开始,不少发展中国家和国际组织一直在试图为低收入人群提供信贷服务。农村金融加强了人们对经济治理的理解并大力推动了经济的治理。经过40多年的实践和近10年的发展,小额信贷已经扩展到几乎整个发展中国家和许多发达国家。其中以孟加拉国的实践最为著名。孟加拉国不仅是小额信贷的诞生地,也是运作最成功的国家。目前,其小额信贷已经发展成一个相当完整的体系,其中乡村银行(Grameen Bank,下称GB)①是该体系的核心和基础,也是最具代表性的形式。GB目前正在进行着改革,往着更加灵活的方向探索。

2006年诺贝尔和平奖授予孟加拉国经济学家穆罕默德·尤努斯。尤努斯因其在孟加拉乡村银行及其附属机构所发挥的作用而受到表彰,这些机构已成为全球建模和培训从业人员的中心并提供农村信贷成本回收方法。基于孟加拉乡村银行的实验,现在人们普遍认为,一旦你以这样的方式组建农村金融机构,承保和监督职能就会转移到用户身上(通过集体担保的创新和同伴压力的调动)。金融服务市场即使在农村贫困人口中也能茁壮成长。一旦穷人获得金融资本,他们就可以投资"微型企业",从而产生更广泛的经济发展。

一些研究者通过观察小额信贷如何在两个亚洲国家改善宏观监管机构、政治经济、文化政治环境,来研究"良好的治理"是否可以创造理想市场和达到市场目标。在越南,基于农村信贷是作为政府重分配和监管的工具,它需要国有金融机构延长利率补贴。由于越南相对自治的经济,其拥有大量投资机会,且其一党制制度,使得越南可以在本土进行小额信贷的实验。然而,同样的环境让越南传统经济观念发生变化,同时观念的转变促进了小微企业的蓬勃发展。相对公平的经济增长来源于社会保护下的长期国家投资、基础设施建设和近期的土地改革(赋予每个成年人一部分耕地)。加上给予女性相对自由的权利参与到经济生产活动中去[18],越南社会主义和资本主义生产模式的结合使得小微企业在特定行业得到了蓬勃的发展。

从20世纪50年代到90年代初,全印度数据显示,农村家庭未偿债务总额中非正规信贷的份额不断下降。近期的全印度信用调查显示,农村非正规信贷的比

---

① GB源于20世纪60年代末,专为贫困群体提供存款、贷款、保险等综合服务。GB对贷款实行贷前、贷中、贷后全程管理,并形成了一整套GB文化。借贷人从得到贷款后的下周起,每周还贷一次,贷款期一般为一年,每周还款率为总贷款本息的2%。GB贷款实行连带责任制,借贷人需参加由不含直系亲属的5人组成的互助互保贷款小组,再由6~8个小组组成一个中心。为了建立小组成员间的相互帮助、监督和形成组内制约机制,要求借款人和GB各拿出少量资金,共同建立救济基金,用于紧急情况时帮助借款人;同时双方还再拿少量资金,为借款人办理医疗保险。该系统基本能自我实现持续发展,贷款回收率达98%。

例,分别于1990—1991年和2000—2001年保持平稳和持续上升。通过参考拉贾斯坦邦村庄放债人研究的结果发现,非正规金融机构并未从印度的农村金融领域中消失。其次,正规部门金融机构可以从非正规金融产品和流程中了解农村金融服务需求。第三,全国对非正规代理人的调查,类似于1921年人口普查对本土银行家和放债人的调查,将为农村金融的政策选择提供有价值的指示。印度储备银行最近关于放债人立法的报告不仅探讨了更好地确保公平的激励机制,而且还提出了一种新的贷款提供者类别,它将明确地将农村非正规和正规金融部门联系起来[19]。

在亚美尼亚,政府在促进农村信贷市场发展方面起到的作用相对较小。政府应该为形成专门的农村信贷机构创造适当的环境,然而这些机构在西欧国家却很普遍。由于农村信贷的高风险,绝大多数亚美尼亚银行都没有为农业融资。土地改革上存在许多阻碍农村金融业发展的问题,土地改革仍然不完整。有统计证据表明土地市场已经出现,但土地仍然很难用作抵押品。在亚美尼亚农业部门,抵押品是信贷障碍的主要问题。银行需要200%的抵押物,并要求抵押物为城市地区住宅。即使是愿意支付更高利率的农民也可能因为没有足够的资产抵押来获得他们所需的贷款额。在亚美尼亚,信用社正在建立一个有价值的社区资源。一般来说,信用社成员对其信用社有良好的评价。大多数成员认为从信用社获得贷款非常容易;俱乐部鼓励成员参加会议,实行公平和平等的投票,并让成员参与决策。许多成员都愿意让他们的信用社增加人数,这将使他们能够借更多的钱并为俱乐部节省更多开支,且信用社成员希望从信用社获得长期贷款。他们认为,对于农业活动而言,1年期的贷款是不够的。同时,如果信用社管理层开展或组织业务计划编写、会计和财务管理等相关的研讨会和培训,将有利于信用社的发展[20]。

在埃塞俄比亚,有两种类型的非银行金融中介机构:股份公司小额信贷机构,储蓄和信贷合作社。埃塞俄比亚的小额供资机构提供金融产品和服务是用于增加农村和城市家庭的生产力和产出,促进技术使用,增加投入和增加收入从而帮助他们摆脱贫困和实现粮食安全。为了以可持续的方式在农村地区推广这些金融机构,研究者提出了有关组织应采取的一些措施。政府和非政府组织可以首先鼓励储蓄和信贷合作社,而不是将资源分散到该地区的所有合作社,因为储蓄和信贷合作社是增加储蓄和降低生活成本的最可靠方法,应动员农村金融在该地区的农村创造投资[21]。

第二章 理论基础

2.1 行为金融及其对于农户金融的应用研究概述

行为金融研究可以追溯到上个世纪六七十年代。从 Simon 最早提出的投资决策"有限理性"的观点,到 Slovic 从行为学的角度出发研究投资决策的过程,再到 Tversky 和 Kahneman 的两篇论文(前者讨论启发式偏差,后者讨论框架依赖以及提出著名的前景理论),都可以称为行为金融学研究的前驱。而行为金融理论真正兴起于上世纪 80 年代后期,1985 年 Debondt 和 Thaler 发表了题为《股票市场过度反应了吗?》一文,被学术界视为行为金融研究的正式发端。此后近三十年里,行为金融研究有了一系列突破性的进展,行为金融学家从对于收益率等市场异象的研究入手,进一步通过对市场异象背后的个体和群体行为偏差及其投资策略因素的考察,针对标准金融理论所不能解释的市场异象提出了一些较为成熟的行为金融理论模型,如前景理论、噪音交易模型、BSV 模型、HS 模型、DHS 模型和 BHS 模型等,并尝试地在金融实践中加以应用。

国外关于行为金融的研究主要集中在市场异象、心理认知偏差与行为偏差的挖掘与检验、决策模型与投资策略的研究,交易行为与市场微观结构的研究,行为资产定价的研究,计算实验金融、行为金融在公司金融、风险管理以及宏观经济分析中的应用研究等。以上这些研究是基于理论模型、实证分析与仿真实验等不同形式进行的。历经三十多年的不懈努力,国外学者在此领域取得了丰硕的研究成果。但也存在令人遗憾的硬伤:如各部分的理论体系相对较松散,各研究分支之间缺乏紧密的逻辑关系;行为金融理论的解释缺乏整体性,一种理论只能解释单一现象,缺乏具有普适性解释能力的模型;研究问题分析的方法、手段以及工具有一定的局限性；最后，行为金融学研究成果在市场中的实际应用甚少。行为金融理论在20世纪70年代开始形成，并伴随资产证券化潮流不断发展，是现代管理学中的行为科学和心理学持续不断向金融经济学交叉和渗透，进而历经种种磨合的产物。应该说明的是，这里所谓的金融不是传统意义上的货币资金的融通以及由此而来的货币经济学，而是在资本市场中由于银行贷款的证券化、社会资产的金融资产化，以及证券在金融资产中的比例越来越高的趋势下，形成的各类金融资产及其衍生工具的投资与交易活动的总和及由此而来的金融经济学。尽管现代货币经济理论的起点很高，但是同样不能避免新古典主义与传统的货币经济学理论所带来的种种限制以及理想化假设的前提①。

行为金融学是集理论性、实践性和技术性三者为一体的学科，需要理论研究和实务操作的密切结合和互动。一方面将理论应用于实践，接受实践的检验；另一方面，在实践中加深对市场的理解和培养研究直觉，进一步推动理论创新。

在现代金融经济学的背景下，行为金融理论极大地摆脱了传统货币经济学的种种限制和假设，使金融市场的参与者被置入一个更真实的世界②。行为金融理论不仅包括对金融市场投资者和交易者的行为组合分析、行为反应和交易策略研究，而且对货币经济理论中无法获得的解释，根据交易者偏好、决策的可变性及决策程序的经验作出新的解释。因此也更符合现代科学范式的进步趋势，用行为金融的理论可以发现，农户在金融信贷过程中存在诸多的认知和行为偏差。

行为金融理论将金融市场的各参与主体置入一个更真实的世界，在融资活动以有价证券为主要载体的条件下，将早已融入行为科学的心理学、社会学乃至生物学的部分研究成果与分析方法，运用到对投资或者交易决策者可能的行为模式研究中去，并且探寻决策过程中人的行为特征及其他们心理的依据。

2.1.1 农户的认知偏差对农户的贷款行为的影响分析

传统的研究认为，金融机构的缺失和信贷服务的经常性缺位，加上政府对利

---

① 例如竞争的市场总是完全有效的，信息也总是被假设为完整而且对称的，行为主体是充分理性的，并且效用函数总是利润最大的，然后在此基础上使用严密的数学语言的推导，建立起逻辑关系缜密的模型，并以此作为投资者与交易者的理论指导。

② 行为金融理论将金融市场的各参与主体置入一个更真实的世界，在融资活动以有价证券为主要载体的条件下，将早已融入行为科学的心理学、社会学乃至生物学的部分研究成果与分析方法，运用到对投资或者交易决策者可能的行为模式研究中去，并且探寻决策过程中人的行为特征及其他们心理的依据。

率、配给的管制是导致农户信贷困境的主因,但是,农民长期所处的比较贫困的环境和相对落后的观念也会对农民的信贷行为产生影响,同时,农民自身的性格、生理因素等使其在贷款的问题上容易产生种种认识上的偏差,本书称之为认知偏差。认知偏差指生理、心理状态均正常的人,由于知识水平的匮乏而对未来缺乏明确的预期和把握时,往往会出现认识上的种种偏误,这种偏差已经在行为经济学和行为金融学的研究中被证实,李心丹、王冀宁的研究发现,中国证券投资者存在10多种的认知偏差。

行为金融理论的核心观点认为:一方面,从现实的个体投资者角度考察,其行为决策必然受到自身各种心理因素的制约和激励,而这些心理因素又会导致投资者出现各种认知偏差,进而诱发投农户出现判断和决策偏差。因此,在个体农户感知信息→处理信息→产生决策→实施行为的整个主客体认知链条中,认知偏差居于中心地位。另一方面,从现实的集体农户角度考察,个体农户之间的心理偏差并不具有相互独立性,个体农户之间会基于心理传染或信息传导机制诱发农户群体出现系统性认知偏差,进而促使集体农户产生集体无意识或群体预期出现系统性偏差。达尔文式的进化心理学家认为,人类的认知过程具有适应性,即使行为人所面对的选择是以可视的形式出现且其发生的可能性便于数学概率进行表述的情况下,认知偏差也只会相对减少,而不会消失。现代认知心理学家认为,在涉及到经济行为主体的经济决策过程中,认知偏差具有普遍性,并且常常扮演核心的角色。行为金融学家则认为,由于金融决策更具不确定性和动态性,农户的认知性偏差可能更具显著性,所以研究投资者的各种认知偏差很有意义。解读国外现有的行为金融理论,根据投资者认知偏差的发生来源,兼及可比性和典型性,农户在判断和决策过程中产生的各种认知偏差划分为:启发式简化、自我欺骗、情绪和自我控制、社会的交互作用等四大种。

按照行为金融理论的观点,金融资产投资者会基于各种认知偏差而产生有限理性或者非理性行为。有关投资者认知偏差理论综述认为:投资者在投资判断和决策过程中可能产生的认知偏差,按照认知偏差的来源不同可以进行划分。

农民认识上的偏差,使农户小额信用贷款的道德风险更为突出(如图2-1)。

目前在农村,还有一些农民认为,农户小额信用贷款既是"支农"的,又是"扶贫"的,是国家无偿提供给农民发展生产,还不还都无所谓。有的贷到钱后,不是用于发展生产,而是挪作他用。有偿还能力的也不主动还款。部分信贷员对贷款拖

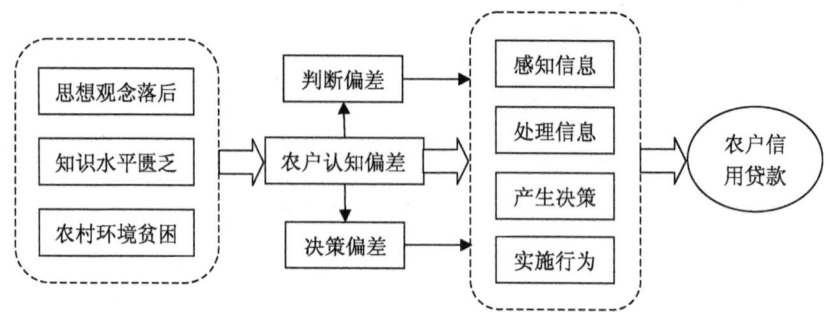

图 2-1 农户认知偏差对农户贷款行为的影响

欠认识不深刻,不重视贷款的拖久问题,对农户拖欠贷款的行为习以为常。大多数农户信用观念弱化,总以自然灾害、经营不善、期限不合理等种种借口作为形成不良贷款的理由,造成贷款拖欠迅速扩散,大部分农户对小额信用贷款认识不足,很多农户自身存在一定的认知偏差,如主观地认为小额信贷是国家一种扶贫政策,同时对于贷款程序的不熟悉也加重了农户贷款难的现象。

我国的小额信贷经过多年的发展,出现了资助机构试点项目、政府部门推行扶贫行动和正规金融机构的农村金融服务三种组织类型,通过不同的实践,对推动小额信贷、扶贫和农村金融服务发挥积极的作用。但是农村信用环境不理想,部分农户信用观念淡薄,重视贷款不重视归还,加上村班子不够稳定,更换频繁,小额农贷得不到当地村委会有力支持。从目前各信用社已发放的小额农贷中已有部分逾期贷款,使小额农贷资金处于风险之中。

农民如果经济遇到困难主要借贷渠道还是亲戚和朋友,只有在农村社会的圈层结构中家族不能解决的情况下,才会过渡到向社会寻求帮助。近年来,农民收入的不断增长,农村民间借贷现象的活跃,也为农民这种传统观念的长期存在提供了物质基础和生存环境。农户拿到贷款后很多都是不努力发展生产,从而影响贷款的偿还。农村小额信贷的道德性风险源于贷款农户的有限理性,农户拿到贷款后,生活状况变好,闲暇时间的效用增大,用于寻找、决策生产适应市场需求的农产品的精力和用于生产的实际时间减少,致富能力下降,最后出现道德性违约,即农户任意改变贷款用途的行为。不同于担保贷款,相对而言,小额信用贷款对借款人的约束力较小,当风险偏好的农户拿到贷款后,在追求更高利润的驱动下,借款人有积极性倾向于改变申请信用贷款的本来用途,而由此产生的额外风险则由信用社来承担。农户往往会产生小额贷款是政府政策性扶贫贷款的认知误区。由于推广工作宣传力度不够,致使村镇一些基层干部和农户对小额信贷的商业化运作,在思想认知上存在偏差,特别是对信贷资金来源性质和贷款的有偿性认识严重错位。由于我国的生产力状况和我国的现实国情等多种原因,特别是长期以来闭塞的小农经济下保留的那种耻于借贷的传统以及金融制度对资金借贷行为的较强约束,因而导致了农户自身的认知偏差和信息不对称,金融机构无法获得借款农户的更多信息,最终直接造成农民贷款难。

一般农户的自尊心很强,在贷款申请时更害怕受到歧视。尽管农户在资金的需求方面很强烈,但是由于畏惧借贷双方背景不同,文化差异较大,同时对各种金融服务品种、特点、条件与要求等信息掌握不全使得一般农户即使需要金融服务,也不会或很少会求助金融机构。

在中国,由于某些农户的知识水平局限和认知偏差以及懒惰等不思进取的态度,会导致其投资项目具有很多的不确定性,因此,在进行农户贷款的过程中,必须高度关注风险和项目的盈利可行性。农户的"小富即安、小农意识"心理往往会导致其在心理上抵制借贷,如多数研究认为农户的借贷发生率随收入的增加呈"U"字形状,即贫困农户出于生存需要,富裕农户出于扩大生产的需要发生较多的借贷行为,收入中等水平农户出于"小富即安"的心理不愿借贷,国外的相关研究也证实农户确实存在风险厌恶的认知偏差。

总体而言,农户对于贷款的确存在种种认知上的偏差,这种偏差在一定程度上影响了其贷款环境,认知偏差的程度越大,农户的贷款困难就越大,反之亦然。

2.1.2 农户的行为偏差对农户的贷款行为的影响分析

不同的贷款对象都存在一定程度上的违约风险。农村工商企业由于经营能力有限存在着较大的经营风险,而在有限责任下,他们有时候选择主动违约。但由于农户贷款数量少、违约收益不明显,或由于违约可能影响社会声誉,自我履约的激励机制较强等原因,发生主动违约的可能性相对较小,在有抵押担保情况下,更是如此。

根据农业部对江苏省武进县农户信贷情况的调查显示,信用社和银行往往根据农户贷款是用于生产还是用于生活而决定是否放贷,农户的生活性贷款较生产性贷款更难得到支持。然而,当农户的生活性资金遇到困难时(比如婚丧嫁娶和生病),他们会动用生产性资金来予以弥补。这种对于贷款使用的行为偏差进一步加大了农村信用社对农户贷款的约束,信用社的"官办"气味越来越浓,离合作金融越来越远,农民贷款愈来愈不方便,信用社对农民的贷款已完全按商业化原则运作,农户的贷款困境更加凸显(如图2-2)。

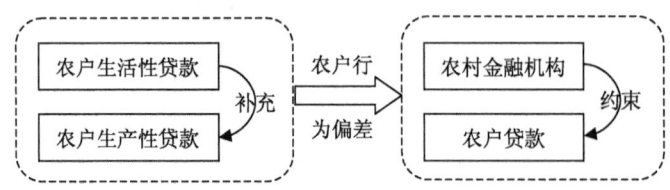

图2-2 农户行为偏差对农户贷款行为的影响

当某信用机构认定某农户具有良好的经营能力时,一般会积极提供农户所需的信贷资金,并会积极参与风险测定,并检验它的影响范围和程度,这一过程带来了农户经营性质的某些改变,即农户经营在本质上已经脱离了个体决策的限制,而在资金供给环节以及以后的决策过程就开始与具有信息优势和资金优势信用机构合作,在他们的参与与监督下进行决策,客观上对农户决策方向和决策结果会产生积极影响。由于长期受到传统的低人一等的观念的影响,我国农户对农村金融制度安排没有热情,甚至是表现出一种冷漠。研究发现他们在制度安排和变迁中处于劣势,逆来顺受的态度使得他们面临"搭便车"的问题。农户对于农村金融的冷漠和被动的参与,造成了农户对金融机构的消极态度,从而影响的农户的信贷行为,并使其在贷款使用过程中出现随意性偏差。农户在贷款使用过程中存在种种行为偏差,这种偏差造成其安排使用贷款的随意性,更加重了其贷款困境,行为偏差的程度越大,导致的贷款困难就越大,反之亦然。

2.1.3 金融机构对农户的贷款行为的影响分析

我国农业信贷资源总体缺乏。据农业部农村经济研究中心的一份报告显示,2001—2005年,我国农业资金缺口由373.29亿元上升到682.94亿元,缺口程度由4.74%上升到6.32%。其中农户信贷资金不足情况更为严重,据相关调查,农户中仅有少数可以获得正规的信贷资金,致使一些有种养技术、经营能力的农民因缺乏资金而放弃原有的经营打算,延缓了他们脱贫致富的进程。

据中国银监会发布的《中国银行业农村金融服务分布图集》显示：我国农村与城市金融资源配置极不平衡，农村金融竞争不充分，农村与城市人均贷款相差近8倍，县及县以下农村地区平均每万人拥有的金融机构网点数只有1.26个，而城市则达到2个，30%以上的农村金融机构网点集中分布在县城，每个乡镇的银行业网点平均不足3个，另外还有3 302个乡镇未设任何金融机构网点，只设有1家银行业金融机构网点的乡镇全国还有8 231个，全国县及县以下农村地区人均贷款额在5 500元左右，而城市人均贷款额近4万元。可见农村金融机构的外部性约束还是相当严重。

非正规信贷资金活跃也是导致农户贷款困境的一个主要因素。姚玉珠《贫困农户信贷障碍与原因分析》一文中指出65%以上的农户必须通过非正规信贷途径获得他们所需的生产资金。这是因为正规信贷借贷条件高，需要担保和抵押，而一般农户不具备这样的条件。非正规信贷即民间借贷在农村有两个常见的形式或途径：亲戚间相互拆借和高利贷。民间借贷利息较高，一般月息都在1分2厘以上，借贷成本难以承受。假定一农户需要借贷1万元，年终的利息额将在1 500元左右，投资与农户的盈利能力不相平衡，特别是农业目前从总体上说仍然是一个风险产业，农业经营制约条件多，风险大。

由此可见，农村金融机构的活动对农户贷款有外部性效用（如图2-3），对农户的生产经营产生有利的影响是正外部性，而金融信贷服务缺位等对农户生产经营活动造成的不利影响为负外部性，本书将这种负外部性界定为外部性约束①。

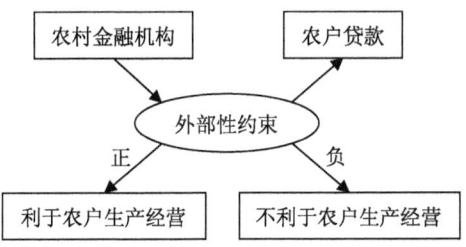

图2-3　农村金融机构对农户贷款行为的影响

---

① 外部性含义：在实际经济活动中，生产者或消费者的活动，对其他生产者或消费者带来的非市场性影响。这种影响可能是有益的，也可能是有害的。有益的影响（收益外部化）称为正外部性；有害的影响（成本的外部化）称为负外部性。本书用外部性约束表示金融机构的某些不当行为给农户带来的负外部性影响。

由此可见，解决农户信贷困境既可以帮助农民改善生活质量，又可以改变传统农村的社会交流和网络环境。

但实际上农户的信贷状况不容乐观。我国农村小额信贷存在以下问题：对贫困户特别是边远山区的贫困户而言，贷款成本较高，包括贷款利息、为借到借款所需要花费的时间、手续及其它；虽然不少项目都有小组联保的要求，但不少参与的农户实际上并没有接受联保的概念，并不认为相互之间有共同还款的责任；目前我国小额信贷试点提供的金融产品比较单一，一般是分50周归还的贷款，难以适应贫困户对借款期限、还款方式等多种多样的需求；机构缺乏持续性，大多数项目都是由临时性的办公室主持，人员都是抽调来的或临时招聘的；在财务持续性方面，大多数项目仍处于第一或第二阶段，资金靠外部供应，利息收入不足以补偿操作成本；目前项目主要是由一批关心、热爱扶贫事业，在贫困地区有工作经验的人员实施的，但有关机构对项目工作人员在金融、会计方面的培训仍然不够。《农村信用合作社农户小额信用贷款管理指导意见》明确规定，贷款额度由信用社县（市）联社根据当地实际情况确定。而目前部分农村信用联社在对小额贷款的额度掌握上过于谨慎，与农户资金的需求和使用有一定的矛盾。支农再贷款是农户小额信用贷款制度的主要支持资金，农村信用社自营资金的投放量严重不足。原因在于，一是部分信用社曲解了政策意图，将农户小额信用贷款制度与国家扶贫性政策措施混为一谈，对农户小额信用贷款投放不积极、不主动；二是在风险防范的方式上，农村信用社足额抵押担保的传统风险防范模式尚未打破，影响了农户小额信用贷款的投放量和覆盖面。由于农村金融市场的缺陷，农户合理的信贷需求未得到充分满足，农户贷款难问题依然突出，已经严重制约了农村经济及和谐社会的持续发展。由于农户生产规模小，经营分散，贷款成本高，农村信用社在追求资金流动性和安全性的同时，采取商业化运行模式，尤其关注信贷的预期收益，再加上信贷资金供给有限，在现有的利率体制下，只能满足风险小、收益高的农户。

基于此，本书认为，金融机构的外部性约束越大，农户的贷款困境也越大，反之亦然。

2.1.4 金融机构及农户的认知、行为偏差的交互作用

由于农户对贷款有着严重的认知偏差和行为偏差，造成了农村信用环境远不及城市，同时乡镇企业和农民信用观念淡薄，也在一定程度上影响了农业银行和农

村信用社投放的积极性(如图2-4)。

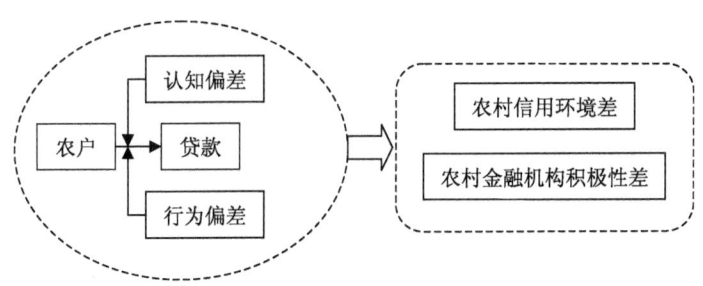

图 2-4　农户认知偏差和行为偏差的影响结果

在经济体制转轨的前期,一些乡镇企业和农村个体工商户从农行和信用社贷款后赖债不还,造成农村金融机构贷款大量死滞沉淀,进而使得目前农村金融机构对新增贷款审批严格。审批严格造成农村基层机构信贷授信额度小,资金上存较多,形成了农村信贷资金瓶颈,加之农户贷款抵押、担保难,信用社对额度较大的贷款都需要借款人提供有效的抵押、保证担保,而小额农贷的抵押物多为房产、车辆,但当贷款出现风险时,抵押物变现难,抵押手续收费偏高,农民不愿缴纳这笔费用,造成抵押手续不规范,形成无效抵押。上述情况无疑迫使农村金融机构加大对农户信贷的外部性约束,以保证贷款的安全。

农民在社会各阶层中历来是处于弱势,其主观意识中根深蒂固的自我歧视使其一般不与政府以及政府职能部门和机构打交道。农民在经济困难的情况下,其首选的借贷对象依然是亲戚和朋友,之后才会选择向社会求助。

此外,农户信贷需求主要集中在建房、子女入学费用以及少量农业生产费用支出,而农业生产的季节性以及农业的市场风险和气候因素等大量不确定性的存在,一方面促使农户不敢向金融机构贷款,另一方面农村金融机构也不愿意承担由此带来的经营风险。

中国湖南省的农村合作基金失败的主要原因在于这种基金过度承诺高额的利率回报,而由于投向的项目赢利能力不足,导致基金陷入严重的危机中,这其中主要是不良贷款的危机,加之政府的过度控制,导致基金的经营自主性和灵活性不够,致使存款农户不能收回投资款项,这个基金项目的失败给了人们很多教训与启示;在中国,由于某些农户的知识水平局限、认知偏差以及懒惰等不思进取的态度,会导致其投资项目具有很多的不确定性,因此,在进行农户贷款的过程中,必须高度关注风险和项目的盈利可行性。

不仅是金融机构的缺失和信贷服务的缺位,农民在认知上的偏差也会对贷款造成影响。所以,也有必要用行为经济学和行为金融学的方法研究农户的认知偏差对其贷款困境的影响。

因此,信贷供给垄断、强化的道德风险和与收益不对称的产业风险制约了农信社向农户发放贷款,农户的认知偏差和行为偏差无形中增强了外部性约束的"信号传递"机理,造成农村金融机构贷款的"逆向选择",外部性约束的效应也就日渐显现。农户的认知偏差和行为偏差的程度越大,导致金融机构对农户的外部性约束也越大,反之亦然。

2.2 机制设计理论及其对于农户金融的应用研究简述

广大中国学子最早接触到机制设计理论这方面思想,主要来源是拉丰及其弟子马赫蒂摩所著的《激励理论》。拉丰从20世纪70年代开始,发表了数十篇此方面的经典论文和专著,不断完善和传播机制设计思想。机制设计理论可当作博弈论和社会选择理论的综合运用。直到最近,大多数经济学家在研究经济问题,特别是做实证性分析时,都假定所考虑的经济制度或机制是给定的。比如新古典微观经济学主要把市场机制作为对象来进行研究,讨论市场机制如何运转,优越性及局限性如何。对计划经济机制的讨论也是如此,但仅把机制分开考虑是不够的。在一个经济制度出现问题时,人们总想知道是否还存在着其他更好的经济制度。另外,在现实中,经济制度或各种经济机制总是在不断地发生演变,特别在制度创新和经济、社会制度转型时期更是如此。这样本书就需要一个更具一般意义的模型。在这个模型下,不必把经济机制看成是给定的,而是把它看成未知的、可设计的,并且在一定的标准下本书可以比较和研究各种经济机制的好坏。此外,人们所面临的是一个信息不完全的社会,由于任何人特别是上级部门没有也不可能掌握其他人的所有私人信息,在指导社会经济活动中会遇到很大的问题。正是由于所有个人信息不可能完全被一个人掌握,人们才希望分散化决策,用激励机制或规则这种间接控制的分散化决策方式来激发人们做设计者(规章制订者)想做的事,或实现设计者想达到的目标。这是经济机制设计理论所要研究的问题。

机制设计理论主要解决两个问题:一是信息成本问题,即所设计的机制需要较少的关于消费者、生产者以及其他经济活动参与者的信息和信息（运行）成本。任何一个经济机制的设计和执行都需要信息传递，而信息传递是需要花费成本的，因此，对于制度设计者来说自然是信息空间的维数越小越好。二是机制的激励问题，即在所设计的机制下，使得各个参与者在追求个人利益的同时能够达到设计者所设定的目标。在很多情况下，讲真话不满足激励相容①约束，在别人都讲真话的时候，必然会有一个人，他可以通过说谎而得到好处。那么，什么时候或者说在什么样的机制下人们愿意讲真话呢？只有当社会选择的规则只照顾一个人的利益的时候，这个人才有动力讲真话，这时，其他人讲假话没有什么好处，讲真话也没有什么坏处，讲讲真话也无所谓。

  Berlin在机制设计理论的基础上寻找最优拍卖，证明对任何拍卖机制都存在等价的可实施的直接显示机制，能给买卖双方带来与在原拍卖机制相同的期望收益。因此，为寻找最优拍卖可不失一般性地仅在直接显示机制中进行，从而将最优拍卖的机制设计问题转化为在参与约束和激励相容约束条件下使卖者的期望收益最大化的问题。Myerson，Matthias Doepke[21]的贡献主要在于他考虑了所有可行的销售机制，显示原理的方法后来也被广泛地运用于解决私人信息的问题。同时，Darrell Due[22]，Edward I.[23]，Jose A. Lopez[24]等也做了相关领域的研究。张啸川，李家军[25]通过机制设计理论，设计出了一种满足参与约束和激励相容约束的机制，有利于信贷的银行方控制主观信贷风险。当给定贝叶斯均衡模型（IR_1）、（IC_2）成立时，推导出银行降低信贷风险的优化机制。该机制将典型的三阶段不完全信息博弈，简化为一个阶段的不完全信息博弈，信贷风险控制整体优化，证明了该机制设计及最优选择的有效性。

  利用机制设计以及委托代理等理论，可以在金融机构和信贷人员，金融机构和农户，政府和金融机构之间设计激励机制模型[26]，寻找以上双方关系发展的最优合约，为促进我国农村经济发展提出一定的政策建议。

---

① 激励相容：在制度或规则的设计者不了解所有人信息的情况下，设计者所制定的机制能够给每个参与者一个激励，使参与者在最大化个人利益的同时达到所制定的目标。

第三章 农户金融信贷风险类型及成因

农业是我国国民经济的基础产业,农业作为弱质产业,面临着严峻的挑战。近年来,农村经济发展滞后、农民增收困难、城乡差距继续扩大、地区经济发展不平衡等问题日益突出。我国十三亿人口,九亿多在农村,"三农"问题,不仅关系到全面建设小康社会,关系到国民经济持续快速健康发展,更关系到中国社会的发展与稳定。"三农"问题一直是中央高度关注的问题,改革开放以来,曾经有九年第一号文件是关于发展农村经济的(见表3-1)。

表3-1 中央一号文件与农村经济

年份	内容
1982年	明确肯定了包产到户、包干到户或大包干
1983年	对家庭联产承包责任制作出了高度评价
1984年	确定了承包给农民的土地15年不变
1985年	提出农村经济的十项政策,指出要调整农业结构,发展乡镇企业
1986年	提出进一步摆正农业在国民经济中的地位,进一步深化农村改革
2004年	在党中央发出要全面建设小康社会号召的关键时刻,将农业增产、农民增收作为政策的重点
2005年	将加强农业综合生产能力建设放在非常突出的位置,围绕提高农业综合生产能力建设来解决农村基础设施建设、农民增产增收的长期政策安排
2006年	关于推进社会主义新农村建设的若干意见
2007年	关于积极发展现代农业扎实推进社会主义新农村建设的若干意见

加强"三农"工作,积极发展现代农业,扎实推进社会主义新农村建设,是全面落实科学发展观、构建社会主义和谐社会的必然要求,是加快社会主义现代化建设的重大任务。

农村信用合作社（以下简称"农信社"）办金融组织既是理论问题，更是现实问题。经济决定金融，金融反作用于经济，这种辩证关系同样适用于农信社和农村经济。因此，农信社的性质应根据农民和农村经济发展的需要来确定。纵观我国大部分地区农村经济的实际情况，农信社仍然应该坚持办成农民群众的合作金融组织。我国当前仍处在社会主义现代化建设的初级阶段，以家庭经营为基础的生产方式仍将在较长的时期内存在下去，除了沿海与大城市郊区城乡一体化程度高、商品经济发达的地区外，绝大多数地区的农民仍然需要深入农村、贴近农民且为农民提供及时方便服务的金融机构。

随着农村经济结构的不断调整，农业、农民与农村经济的发展对金融服务的需求将进一步加大。在农村金融服务的供给上，伴随着农业银行商业化进程的加快其在农村范围的机构却逐步收缩，农信社实际上将比原来承担起更多的支持"三农"的任务。因此，农信社要坚持为"三农"服务的定位。但由于一些主、客观方面的原因，农信社存在着产权结构虚置、法人治理结构缺陷、资产质量差、规模不经济以及非经营性费用过高等一系列问题，导致农信社的运行成本高、绩效差，不能对中国农业发展提供有效支持的问题。农信社目前仍然不能适应当前市场经济的需要，不能适应日益发展的多元化、多层次的农村金融需求，严重影响了农村经济的进一步发展，同时也制约着其自身的发展。因此，有必要对农信社进行改革、创新，以适应和促进当前农村经济的发展。随着我国农村金融体制改革的不断深入进行，农信社长期积聚的金融风险将逐步地暴露出来，这其中由低质量贷款占比居高不下形成的信贷风险尤为突出，已严重地束缚了农信社的改革与发展。农信社管理体制不顺、经营定位模糊以及历史包袱较重等一系列问题仍未得到有效地解决，这不但严重影响了农信社市场竞争的能力，而且降低了金融服务的效率，成为农村金融体制改革中乃至整个农村经济发展的主要障碍。因此，如何提高信贷质量，进一步防范和化解金融风险已成为当前我国各级管理部门与农信社工作的重心。

3.1 农户金融信贷风险的类型简述

目前，我国对商业银行面临的信用风险研究很多，但是对于农村金融机构面临的风险关注不够，在现有的研究中，主要是从内部控制、抵债资产、产权、法人治理结构、中间业务等方面研究信用社风险，缺少系统性和深入性，尤其是对农户自身在金融行为中出现的认知和行为偏差所造成的风险,几乎没有进行系统的研究。

农户金融信贷风险主要来自:(1)农户信贷中自身存在的逆向选择和道德风险。道德风险和逆向选择,是由信贷市场中的信息不对称引起的。由于信息不对称、信用评级难,相对于给企业贷款,农信社与贷款农户之间存在更为严重信息不对称的状况。农信社无法充分了解贷款农户贷款项目的潜在收益、风险以及每个贷款农户的信用状况,无法对其作出准确的信用评级,由此造成农户小额信贷的回收风险较大。(2)农户自身在金融信贷行为中存在的各种偏差及其引发的风险。(3)由于农村金融机构管理体制缺位所产生的风险。以下将分别加以阐述。

3.2 农户信贷中的"逆向选择"和"道德风险"

小额信贷的推广过程中,道德风险时有发生:

(1)从农户个体观念来看,由于政策宣传不到位。部分农户习惯性认为,小额信贷是扶贫贷款,是不用偿还的或不要利息的政府贴息贷款,因此想方设法争取贷款,却在到期后不愿还款。从贷款用途方面看,农户取得贷款后,不努力发展生产而影响偿还能力。贷款农户的有限理性使得农户在取得贷款,生活状况提高后的闲暇时间效用增大,而用于投资适应市场需求农产品的精力和用于生产的实际时间减少,最终使得他们致富能力下降。

(2)从信用社方面看,一方面,为了获取贷款,农户会隐瞒对自己不利的信息,甚至提供虚假信息。在农户信用等级评定过程中,由于审核工作人员人手少、工作量大,通常依靠政府力量,通过村委会、村民小组所提供的有关信息来评定农户信用等级,所以农户信用等级评定的结果并不一定真实可靠,再加上工作人员的疏忽,会致使贷款投向非守信农户。另一方面,信用社施行的信用等级是"一年一审"制,无法做到事后监管,若农户在获取贷款后其信用等级事实上已经下降,则会对按时还款造成影响。相对于传统的抵押担保贷款,小额信贷无需实物抵押品,它以个人信用保证贷款本息偿还,因此存在更大不确定性。当前中国市场经济还不成熟,特别是在农村地区信用体制尚未健全,部分农户信用意识淡薄,赖债、逃债思想较重,因此农村地区常常会到期不还的现象发生。加上农村执法难度较大,且小额信贷分散,执法成本高,难以对借款人的反信用行为给予有效的法律约束。

(3)在小额信贷组织商业化的过程中,兼顾扶贫和可持续运转目标。但在农信社对小额信贷服务群体定位、经营目标和供给区域进行划分的时候,常把最为贫困的农户排除在外,最终是收入水平中等或较高的农户受益,因此偏离了小额信贷发展的初衷。

3.3 农户自身存在的各种认知和行为偏差及其引发的风险

除了上述的农户在信贷中存在的"逆向选择"和"道德风险"外,农户在信贷行为中还存在各种认知和行为的偏差:

1. 信贷过程中有畏难和怕受歧视的认知偏差

这种偏差导致农户尽管有信贷的需要,但是由于自身的文化水平比较低,往往还有怕受到歧视、惧怕信贷的手续复杂的认知偏差,担心将来的贷款无法归还,从而不敢贷款,这样,就导致往往真正具有贷款需求的农户无法获得贷款,造成贷款的效率低下,加大了农户生产经营的风险,形成农村信贷不能有效发放的风险。

2. 信贷过程中有过度冒险的认知偏差

还有一些农户存在这样的认知偏差:农户小额信用贷款是国家无偿提供给农民发展生产的,在申请贷款的过程中,往往超过自身发展生产的实际需要,尽可能多地申请贷款。这种风险导致贷款超越了已有用途,难免造成贷款资源的闲置和浪费,如果农户的生产经营发展不上去,贷款就可能拖欠甚至形成呆账、死账。

3. 信贷过程中有拖欠、挪作他用的行为偏差

还有许多农户在获得贷款后,不是将贷款用于发展生产经营,而是将贷款用于家庭的生活消费,这就偏离了贷款的目的和用途,往往使生产经营滞后,而最终导致贷款到期无力偿还,还有的农户存在投机取巧的心理,在还贷的过程中,即使自己有足够的资金,也故意拖欠贷款,这些行为偏差均有可能导致贷款的质量效率下降,大大提高了贷款的违约风险,也加大了金融机构的经营风险,迫使许多金融机构对农户信贷的外部性约束扩大,导致农户的贷款困难愈加严重。

3.4 农村金融机构管理体制缺位所产生的风险

3.4.1 法人治理不合理及其风险

我国信用社目前在形式上均建立了法人治理结构,制定了相关制度,但是并未

形成良好的运作机制,法人治理有名无实。

1. 治理主体虚位导致农村信贷的监管风险

目前信用社产权界定不清,所有者虚位,治理主体不明确。主要体现在:一是从股权设置上来看,农信社采取"入社自愿,退社自由"的方式,从而导致入股社员流动性大,所有者不稳定。二是从目前信用社股金构成上来看,主要由原始积累、农信社职工股和"变质"资本①三方面构成,如表 3-2 所示,截至 2004 年 12 月 31 日,某市农村信用社股本余额为 74 609 万元,其中法人股为 3 621 万元,占股本总额的 4.85%,自然人股为 70 988 万元,占股本总额的 95.15%,在自然人股中,职工股为 6 181 万元,占股本总额的 8.28%。这种股本结构的平均化与分散化经常会导致谁也没有绝对的发言权与控制权。三是农信社还没有形成一种"风险共担、利益共享"的机制。股金通常不用来弥补损失,意味着社员并不是真正的出资人,最多只能算是一个存款户,股权存款化的特征非常明显。这种股权分散性、流动性和存款性的现象,导致了社员所有权难以体现与信用社产权主体地位被人为虚置、产权关系不清晰的局面。从这个方向来看,农村信用社基本上还是属于依靠政府隐形担保的准国有银行机构。

表 3-2 某市农村信用社股权结构统计表(截至 2004 年末)

	法人股	自然人股	其中:职工股	总计
金额(万元)	3 621	70 988	6 181	74 609
比率%	4.85	95.15	8.28	100

所有权主体缺位必然导致民主管理趋于形式化的问题。"一人一票制"是合作制的精髓,然而由于信用社所有权的虚置,"三会"民主管理功能在具体的运作中难以得到充分的体现,具体表现在以下几个方面:一是现有股金中法人股占得比例偏少,而个人股和职工股多。这种股金结构配置的缺陷,一定程度上影响了股东参与民主管理的能力。二是参股对象主要是农民和信用社的职工,由于文化水平偏低,市场意识、维权意识以及民主管理意识都较为淡漠,因而对农信社的经营成果不留心、利润分配不关心、业务发展不用心、民主管理不热心,这与农信社法人治理结构中所要求的股东素质相差较大。三是基层信用社虽是独立法人,名义上实行财务

---

① "变质"资本:出于换取贷款和许诺"保息分红"的由法人股以及个人股组成的存款化股金。

独立核算,但在人力、物力、财力等方面权力有限,实际权力被县联社掌握,基层职工作为社员及被管理者,难以对联社实行面对面的有效监督。四是受内外部、主客观等方面的制约,"三会"制度得不到严格地执行,社员很难通过"三会"制度行使职权。这主要体现在农信社经常出现多年不召开社员代表大会,普通社员不能行使自己的权利,理事会、监事会的成员及主任人选直接由上级管理部门或行政主管机关任命,理事会和监事会召开次数有限,参与者只关心信用社的财务状况,而对其应履行的权利与义务①漠不关心。

资本结构上:我国农村信用社营运资金绝大部分来源于存款,自身拥有资本金数量较少,以某联社为例,2004年末贷款余额为106亿元,所有者权益只有4.5亿元,而存款余额为136亿元,主要营运资金是广大储户存款,分散储户没有时间、精力和技术来监督信用社的资金运营。

组织机构上:"三会"制度有名无实,并没有建立保证各机构独立运作、有效制衡以及科学高效决策的运行机制。目前,为了贯彻国家在《农村信用合作社管理规定》和《农村信用合作社章程》中对有关组织机构的规定,农信社在形式上建立了法人治理结构,即由社员代表大会、理事会、监事会以及管理层共同构架的"三会一层"制度,如图3-1所示。

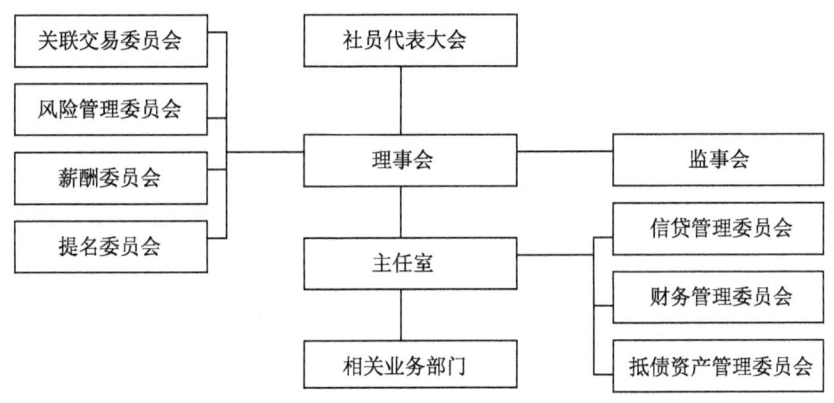

图3-1 农村信用社法人治理结构图

但它存在以下严重缺陷:一是缺少健全的社员代表大会制度,社员代表产生的合法性、严肃性以及代表性不够,且常以职工代表会代替社员代表大会,从而致使

---

① 这里具体指理事会的决策与监事会的监督。

其职能得不到充分的有效的发挥,社员代表大会形同虚设。二是社员对信用社经营状况知之甚少,社员所有者权利(包括表决权、罢免权、决议权以及分配权等),得不到有效的保障。三是理事会、主任办公会和监事会的定位不够明确,理事会与经营班子集权力与管理于一身,理事长和主任的职责范围没有得到细化,权限界定不清,理事长的引导、定向、决策以及监督职责的范围太广,法人代表的权利受到约束导致制度不完善。四是监事会缺乏对管理层的监察权,缺乏内部监督制约机制。

法人治理结构的无效导致制约关系薄弱。根据章程的规定,信用社实行理事会领导下的主任负责制,主任在监事会的监督下对理事会形成的决议和决策加以实施。但是实际情况是一些信用社理事长、主任二职一肩挑,集决策权与执行权于一身,有的信用社虽然实行了理事长与主任的分设制,但理事长和主任职权范围界定模糊,实质上是理事长全权负责,理事会与主任之间不存在制约与被制约的关系,因此很难保证理事会所有的决策都正确。另外,监事会的监事绝大部分是信用社的员工,在实际工作中,除监事长为专职外,信用社没有专门的办事机构和专职办事人员,因此,日常工作由监事长全权负责,对下级机构的监督管理主要也是通过稽核部门发挥作用,监事会基本上未能履行章程所赋予的对信用社经营决策、决策实施过程以及执行结果进行监督的职责,事实上演变成了信用社内部审计部门,并且在理事长或主任的领导下开展工作。

2. 激励治理机制不健全导致信贷控制的风险

从用人机制上来看,由省联社提名理事长和主任,行政任命色彩浓厚,形成了一个并非有效的高管人员选拔任用机制。

从监督机制上来看,组织机构和内部权力制衡不健全[①]。例如某信用社高管层5人在经营状况并不理想的情况下,年终分得奖金80余万元,人均16万元,而一般员工只有0.7万元。外部监督主要是监管当局,其力量很小,此外,两者在利益上存在某些方面的共同性,对信用社的监管往往很松懈。

从激励机制方面来看,缺乏有效的考核激励措施。对于高管人员和职工的业

---

① 我国现行理事会制度基本上沿袭了英美传统的股东主权治理制度,具体表现在职工参与董事会程度较低,职工参与经营决策不够。监事会职责履行不力,制约关系薄弱,监事会的监督视野仍停留在具体经营事务,主要是财务审计中,停留在对分支机构或部门的内部审计稽核层面。而对理事会、理事以及经营层的监督和评价尚处于空白状态,出现了一部分高级管理人员利用职权,形成事实上的内部人控制,不顾信用社、职工和股东的利益,追求个人高收入、高在职消费,侵蚀信用社的利益,同时利用控制权摆脱个人责任的现象。

绩,没有建立一套科学的量化考核体系,农村信贷员没有责任心去严格控制贷款的形成风险,往往在信贷调查中敷衍了事,不去做深入细致的贷前、贷中、贷后调查,造成贷款控制的风险。

3. 风险管理的权责设置模糊

农村金融机构的资产风险还没有真正发挥风险管理的职能作用,突出表现在:全局资产风险政策的制定和风险控制的决策效能尚未体现,对联社经营性风险预警未按规范程序操作。

风险管理部门没有成为"纵向制约、横向制衡"的风险监测和控制中心,实际上信用风险管理的职责涉及基层信用社、信贷管理部门、审计部门和资产保全部门,这些部门没有构成统一的风险链接模块,没有形成一个有机的整体。

4. 农村信贷人员素质偏低造成的风险

现代金融业是高风险行业。随着金融电子化步伐的加快,新业务、新知识不断更新,对从业人员的素质要求越来越高。金融从业人员不但被要求掌握现代金融业务知识,而且要掌握计算机和法律知识。由于区域和人缘关系的影响,当前农村信用社现有人员的构成格局带有"近亲繁衍"用人方式的痕迹,加之在在职学习、进修和培训等方面的不足,员工整体素质并不高,制约了农村信用社的创新和发展,不适应业务发展的需要,也不利于农村信用社核心竞争力的形成。目前形成了农村信用社理事长和主任全部由省联社提名,县联社理事长决定基层信用社主任的任职的局面,尽管信用社主任的资历较丰富,但文化程度普遍不高。

表 3-3 某市农村信用社正式员工学历和年龄构成表(截至 2005 年末)

	学历层次	本科	大专	中专	高中	初中及以下	合计
学历结构	人数	64	973	941	1 111	449	3 538
	占比%	1.8	27.5	26.6	31.4	12.7	100
	年龄层次	25 及以下	26~35	36~45	46~55	56~60	合计
年龄结构	人数	276	1 259	1 645	255	103	3 538
	占比%	7.8	35.6	46.5	7.2	2.9	100

由表 3-3 可见,该信用社员工学历层次主要集中于大专、中专和高中,加之人员年龄结构中年轻人比例低,35 岁以下员工只占 43.4%,学习能力受到影响,难以满足信用社风险管理的需要,这些弊端导致农村信用机构的信贷人员无法有效识

别农户信贷的风险成因,并采取科学规范的手段规避农户信贷的风险。

3.4.2 农户信用风险管理的政策目标不明确

农信社在风险管理的认识上还处于非常低的层次,或者说还没有对风险进行正确地认识和有效地管控,具体体现在没有建立风险管理部门,风险管理的政策和目标含糊不清。目前,农信社仅仅通过设立贷款管理委员会,对贷款的审批进行控制。风险管理及交易控制的组织体系还处在探讨学习阶段,农联社"三会一层"相互制约、相互制衡的作用还没有得到真正的发挥,风险衡量的工具还很不科学,抵御风险的工具还没有得到很好地利用。

法人治理结构无力导致决策的不科学是信用风险出现的最大原因。其次,贷款发放过程中违反有关规定,风险审查不严,对借款人的状况以及担保抵押情况调查不实,贷后管理松懈也是导致信用社发生损失的重要原因。要有效防范农村信用社风险,建立风险管理长效机制,信用社必须从自身角度出发,真正做到法人治理、产权明晰、建立风险管理体系。

由于体制、管理、环境等因素的影响,农村信用社在发展过程中积累了巨大的风险,如果信用风险引发损失,最直接的体现就是形成巨额的不良资产。据银监会公布的数字显示,截至2005年6月末,按照四级分类,不良贷款余额3 851亿元,比年初下降663亿元,不良贷款占17.54%。信用风险引发的不良贷款表面上是借款者对信用社的失信,实质上是对信用社的出资人、所有者和广大存款人的损害。由于信用社经营产品的特殊性,危机具有连锁反应,如果引起挤兑,就可能一发不可收拾,造成整个社会信用系统的崩溃,引发严重的社会危机。过去曾经出现的农村基金会倒闭事件,引发了极大的社会问题。

3.5 农村金融信贷风险的成因简析

根据上述的农村金融风险的分析可以得出:金融作为现代经济的核心,在提高资源配置的效率和有效调控宏观经济的运行等方面,发挥着极其重要的作用。"三农"经济要发展,当前最需要的是资金,资金的获取离不开农村信用社的支持。"农业流动资金每增加一个百分点,农村生产总值、农业增加值分别增加1.34和0.58个百分点"。农村金融问题是纷繁复杂的农村经济发展中的一个突出问题,只有妥善解决这个问题,中国农村经济才能进入良性的可持续的发展轨道。因此,农村金融如何发挥对农村经济和农业产业发展的推动作用,从根本上解决困扰我国的"三农"问题,是当前金融领域的一个重大课题。

农户信贷风险的形成原因之一是法律制度的监管缺位。我国目前还没有一部完整的关于民间金融机构的法律,当前的首要任务就是制定和完善《民间融资法》《合同法》等法规体系,将民间金融合法化、规范化,为民间借贷构筑一个合法的活动平台,使其能够取得与正规金融组织平等的经营地位,从而规范、约束和保护正常的民间借贷行为。

农户信贷风险的形成原因之二是农户自身的道德风险、认知和行为偏差(如图3-2)。由于农户小额信用贷款主要是用于农业领域,而农业生产由于其本身的特点,受到自然资源、气候及市场等因素的多重制约,具有极大的不确定性,这就加大了小额信贷的回收风险。贫困农户抵御风险的能力低,一方面,农业由于其自身特点,要经受自然灾害因素和经济因素的双重风险。另一方面,贫困农户接受的文化科技教育少,生产技术、经营技能素质较差。同时,我国目前农业保险制度尚未健全。在此情况下,小额扶贫贷款面临着高风险。正因如此,小额信贷扶贫机构并不愿向贫困农户提供过多的信贷额度。据报道,自2002年国家允许农信社的存款利率上浮50%,贷款利率上浮100%以来,农信社反受利率放开之累,原因是存款利率上浮后,农信社存款上升,但信用社在小额信贷不需抵押、担保,几乎没有保障的情况下,不敢对农户增加贷款额度,而那些符合条件的非农业贷款,市场竞争已非常激烈,农信社不敢轻易提高贷款利率,由此造成许多农信社存款上升的同时贷存比却在下降,面临经营困难的局面。此外,农信社有资金却不愿贷给贫困农户,也与其服务"三农"的宗旨相违背。

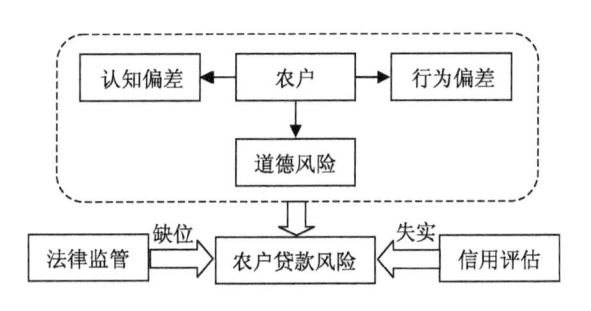

图 3-2 农村金融信贷风险成因

农户信贷风险的形成原因之三是没有科学的农户信用评估体系和管理体制。农信社依据农户的信用等级确定信贷额度,因此,农户信用等级的真实度直接关系到农信社信贷资金的安全。而农户信用等级的评定,按正常程序应由熟悉村情、民情和管理村民事务的当地村级行政组织先进行调查摸底,然后由农信社审核并评定信用等级。但由于农户小额信用贷款涉及面广、时间性强、工作量大,农信社的审核只是形式而已,评级授信几乎是当地村级行政组织起决定作用。在当地村级行政组织没有任何利益和不承担任何责任的情况下,极易受人情、关系和其他一些外在因素的影响,导致农户小额贷款信用评定失实。同时,村级行政组织缺乏信用评估的专业知识也是农户小额信贷信用评定失实较为重要的原因。

农村信用社是由农民入股,实行社员民主管理,主要为社员提供金融服务的地方性金融组织,它的服务对象是农民,服务区域在农村。农村信用社作为我国主要的农村金融机构,经过六十多年的发展,已经成为我国农村资金的主要供给者和金融服务的提供者,成为县域金融的主导力量。截至2005年末,我国共有农村信用社法人机构30 438家,县(市)联社2 459家,市(地)联社65家,省级联社7家,非法人营业机构57 390家。2006年末,农村信用社存款余额38 843亿元,占全部金融机构存款总量的11.15%;贷款余额26 236亿元,占全部金融机构贷款总量的10.96%。全国农村信用社农业贷款余额达到12 105亿元,占信用社全部贷款的46%,占全国金融机构农业贷款比例的91%。农户小额信用贷款余额为1 112亿元,农户联保贷款年末余额为453亿元,全国5 270万户农户获得了农户小额信用贷款,946万户农户获得了农户联保贷款,合计受益农户6 216万户,占有贷款需求且符合贷款条件农户数的64%,占全部农户数的28%。据最新统计数据显示,截止2005年6月末,农村信用社成为继中国工商银行、中国农业银行、中国建设银行后第四家存款突破3万亿的金融机构,存款余额占全部金融机构的10.83%;各项存款比2002年末增加1万多亿,增长了54%。在存款大幅增长的同时,2005年上半年农村信用社贷款余额超过2万亿元,占金融机构贷款投放总量的11.06%,各项贷款余额比2002年末增加8 000多亿元,增长了58%,至6月末,农村信用社农业贷款余额超过1万亿元,为10 300亿元,比2002年末增加4 720亿元,增长了84.6%,对于发展农村经济,做出了重要贡献。

3.6　本章小结

本章主要对农户信贷风险的成因进行了阐述,农户金融信贷风险主要来自:① 农户信贷中自身存在的"逆向选择"和"道德风险";② 农户自身在金融信贷行为中存在的各种偏差及由其引发的风险;③ 由于农村金融机构管理体制缺位所产生的风险。由此可见,农户信贷风险的成因是多方面的,有制度的问题、金融机构的问题还有农户自身所存在的各种问题,这些问题交互作用,加大了农户信贷的难度,也扩大了风险,影响了社会主义新农村建设的发展。因此,针对上述问题,我们给出如下建议:① 加强政府宣传,引导农户合理使用贷款资金;② 严格规范信贷审核程序,信用社需做好事前、事中、事后监督工作;③ 建立健全农村地区信用体制,强化农户的信用意识;④ 考虑到部分农户受教育水平较低,难以理解银行的贷款审核手续,故有必要简化银行贷款流程,或为有需要的农户派专人协助办理贷款。

若想进一步对农户与金融机构之间的问题进行具体分析,还需通过建立博弈模型来分析研究农户在信贷行为中各利益方的博弈行为、防范风险的机制设计,利用农户信贷调查数据,构建检验模型,探究各种矛盾是如何交互作用的,从而能够提出有价值的对策建议。除此之外,也试图从博弈论视角来设计出更合理的农户信贷激励措施。

第四章 农户金融信贷行为博弈分析

上一章主要从农户金融信贷风险的类型和农户金融信贷风险形成机理两个方面的理论角度分析了农户信贷风险的成因。本章将基于农户信贷风险的成因运用博弈论与信息经济学的相关知识对农户金融信贷行为进行深入探讨。

4.1 农户金融信贷的行为博弈与强化机制简述

按照现代金融经济学的观点,农户信贷投资的过程,实际上也是农业的资本形成和资本配置过程,而这两个过程的运行机制及其效率,取决于金融制度安排。对发达国家和发展中国家来说,这两个过程是完全不同的。发达国家金融市场化程度较高,已建立健全了农业信贷资金市场体系、供给体系和服务体系,这些为保障农户的信贷投资需求满足提供了良好的制度基础。但是,对于像我国这样的很多发展中国家来说,情况正好相反,因为面临种种问题,农户不得不对自己信贷投资需求在数量、结构和偏好等方面作出"非意愿"的决策。

在我国金融改革的进程中,国家也始终不同程度地保持着对金融经济广泛而深刻的管制。这使得我国金融经济的市场化进程与国家经济市场化进程表现出"不完全一致性",金融市场化滞后于经济市场化。表面上看,我国农村金融体系似乎是相对完善的,各种金融机构在农村都有分布,但从实践上看,我国农村金融体系仍存在着"市场分割""局部寡占""城市化偏好"等缺陷,导致其分布密度和服务覆盖率低,致使市场机制难以有效发挥作用或被实际扭曲,市场效率难以迅速提升。

农村正规金融机构提供的金融服务难以满足农户的信贷需求。随着农村经济的发展及农业产业结构的调整,农户信贷需求的规模和范围将进一步扩大,而目前在农村金融市场中,农业银行调整经营战略,原有的农村金融主导地位不复存在,针对农户的贷款业务越来越少;农业发展银行业务范围过窄,职能单一,不能充分发挥政策性金融的作用;农村信用社虽然被喻为支农"主力军",但由于种种原因,尚未找准自己的市场定位,其提供的金融服务难以满足广大农户的需求,苛刻的贷款条件,过高的抵押、担保要求使农户特别是低收入农户很难从正规金融渠道取得所需资金,出现了农户贷款难、信用社难贷款的困境。

根据2007年的统计数据,在我国现有的5 500万贫困农户中,有约4 000万户没有得到过正规信贷服务,而在民间金融市场上,却有近2 000亿元的信贷量存在,除去其中少量属于非政府性质的民间组织的信贷活动外,大部分属于国家禁止的非法高利贷。这一高一低是否能够反映我国贫困农户信贷的真实状况,贫困农户信贷难的内在原因在哪里,在我国农业环境发生重大变化的现阶段如何解决我国农户信贷难的问题,是关系到我国农业经济发展乃至我国社会总体经济发展的重要问题。

从调查中不难看出农户与农信社之间存在信息不对称的情形。所谓信息不对称是指在市场交易中,交易甲方与交易乙方相比,对于交易对象或者内容拥有较多的信息。信息不对称相对于完全信息而言,都是属于不完全信息,因此,一般意义上的信息不对称就是指信息不完全。信息不对称的现象是普遍的、长期存在的。

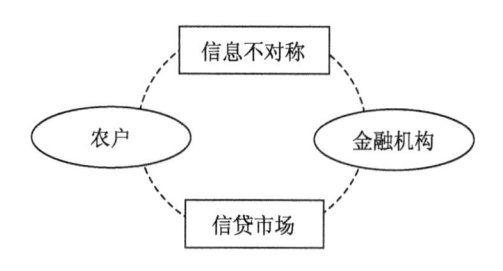

图 4-1　农户与金融机构之间的信贷市场的"信息不对称"

农户与金融机构两者之间的信贷市场是典型的"信息不对称"市场(如图4-1)。在信贷交易发生以后,由于信息不对称,金融机构对农户的各种经营管理活动缺乏强有力的控制手段,很难督促农户按照信贷约定的内容行事,而在我国由于长期受到传统的低人一等的观念的影响,我国农户对农村金融制度安排没有热情、缺乏认知,农户有可能将从农信社以生产性为目的贷到的款用在了生活性消费中,这是金融机构所不愿意看到的风险更大的投资活动。这就形成了金融机构在信贷市场上的"潜在风险"。为了防范和化解这种信贷风险,金融机构必须对农户实施信贷监管,并且要求农户对自己的经济状况以及其信贷资金的投资目的给予真实的说明,督促农户遵守合同的约定。然而,农户为了获得贷款,则会利用金融机构对其经济情况的不了解,不负责地使用贷款。如果农信社对自己贷款的信息不了解,将使自己对这笔获得的贷款拥有绝对使用权。这就在客观上,形成了金融机构与农户之间的博弈,即金融机构是否要采取"信贷监管"和农户是否要进行"违约活动"的博弈。

在基于博弈视角来对农户信贷问题进行分析的研究中,一般从两个角度入手:基于囚徒困境的农企博弈分析,或是建立不完全信息动态博弈模型,找出完美贝叶斯均衡。但在运用这两种方法时,不能很好地针对农户信贷过程中的突出问题建立充分的激励机制,所以本模型将委托代理引入农户信贷问题。

4.2 农户金融信贷行为博弈均衡分析

4.2.1 博弈模型前提假设

(1) 在信贷市场中,假设博弈参与人只有提供农户信贷的金融机构和寻求贷款的农户两个当事人,$N=\{1,2\}$表示博弈参与人的集合,其中1代表贷款投资于农业及农副业发展的农户,2代表提供农户信贷的金融机构。

(2) 任何寻求金融贷款的理性农户决不会声称自己准备投资的项目没有投资价值。因为农户投资农业的收益比较低,远远低于工业上的投资等带来的收益,因此为了简化计算和激发农户农业生产的积极性,本书假设采用贷款利率百分制的形式,且金融机构的利息来自于农户的收益。设农户向金融机构提供的投资项目的收益率R均大于金融机构的贷款利息率γ,金融机构的存款利息率γ_0,且$\gamma > \gamma_0$,否则理性的金融机构决不会提供贷款,同时农户的贷款利息率要比大中型企业的贷款利息率要低,这是受国家支农政策影响的。因受农户生产积极性的约束,农户投资于农业及农副业的生产净收益率不可能是100%,必然小于1。设农户的生产积极性的概率分布为$F(x)$,概率密度函数为$f(x)$,不妨设$x \in [0,1]$,x是对农户生产努力程度的相对度量。同时,农户不同的投资项目其收益率不同,以θ_1代表农户贷款投资于收益率高的项目,以θ_2代表农户贷款投资于收益率低的项目,设农户选择投资何种投资策略是连续的,同时,理性的农户决对不会把贷款投资于收益率低的项目。那么参与人1投资行为空间为 $\Omega=[0,\theta_1]$，其中 $\theta_1>\theta_2>0,\theta\in\Omega$ 是参与人1的私人类型，参与人1知道 θ 的取值情况，而参与人2仅仅知道参与人1的概率分布为 $G(\theta)$，概率密度函数为 $g(\theta)$。因此，设 $R=\alpha\sigma x\theta$，其中 α 为农户生产对收益的边际贡献率，σ 为农户的投资策略对农户收益的贡献率。

（3）设参与人1向金融机构传递其投资信号 θ_i，金融机构在观察到农户发出的信号 θ_i 之后，选择贷款或者拒绝贷款，因此，参与人2的行动空间为 $M=\{m_1,m_2\}$，$m=m_1$ 代表参与人2接受农户的信贷申请，$m=m_2$ 代表参与人2拒绝农户的信贷申请。

（4）农户寻找金融机构取得贷款需要付出的各种成本为 $A\in[A_2,A_1]$，A_1 代表低收益率项目信贷申请需要付出的成本，A_2 代表高收益率项目信贷申请需要付出的成本。一般来说，$A_1>A_2$。A 是 θ 的单调递减函数，即 $A'(\theta)<0$。这部分成本主要来自于农户的信誉，设农户的信贷申请成本为：$C(\rho)=b(1-\rho)^2$，其中 b 为农户的不守信用带来的成本系数，随着 ρ 的增加而递减。同时，农户的积极生产会带来一定的隐性成本。设农户的成本函数为：$C(x)=\varepsilon x^2$，其中 ε 为农户的努力生产的成本系数。因此农户的总成本为：$C(\rho,x)=b(1-\rho)^2+\varepsilon x^2$。

（5）金融机构为了保证贷款资金的安全和效益，对由人的有限理性和市场的不确定性引发的机会主义行为，需要耗费时间和精力去搜寻有关的信息以防止被借款人欺诈，因此必须要花费一定的成本来审查农户的信贷申请，同时信贷金融机构还面临着农户的信誉 ρ（为对农户的还贷守信的度量）。因此，不妨设信贷金融机构的风险成本函数为 $C=\xi(1-\rho)^2+c$，ξ 为风险乘数，与 ρ 呈负相关，且 $\xi>0$，c 为信贷金融机构审查贷款申请的固有成本。

（6）设农户投资的期望利润为 I。假设农户决不会对自己投资效益率高的项目伪装为投资效益率低的项目向金融机构申请贷款。因为农户作为一个理性的主体，其行动的选择必然要遵循使自身的收益最大化的原则。

（7）税收部门对信贷机构征收的营业税税率为 ω；信贷机构提供的贷款额为 Y，Y 与农户的信誉度 ρ 呈正相关，即农户的信誉度越大，信贷机构授予的贷款越大，反之亦然。因此，本书设 $Y=A\rho$，其中 A 为信贷基数。

（8）假设信贷金融机构是风险中性的，农户是风险规避型的。设农户的风险规避系数为 β；农户的保留效益为 $\bar{\mu}(\bar{\mu}\geq 0)$。

4.2.2 农户与金融机构的均衡效用分析

农户的收入函数：

$$I = Y(R-\gamma) - C(\rho,x) + \varphi = A\rho(\alpha\sigma x\theta - \gamma) - b(1-\rho)^2 - \varepsilon x^2 + \varphi \tag{4-1}$$

其中 φ 为外界随机事件，如自然、气候、市场波动等与农户无关的随机事件。设 φ 服从正态分布，$E(\varphi)=0$，$D(\varphi)=\delta^2$，δ^2 越大，对农户收入利润的影响越大，反之亦然。

信贷金融机构的收入函数：

$$\pi = (1-\alpha)(A\rho\alpha\sigma x\theta)\gamma - C(\rho) = (1-\alpha)(A\rho\alpha\sigma x\theta)\gamma - \xi(1-\rho)^2 - c \tag{4-2}$$

农户的期望收入函数：

$$E(I) = A\rho\left[\alpha\sigma\int_0^x tf(t)\mathrm{d}t\int_0^\theta yg(y)\mathrm{d}y - \gamma\right] - b(1-\rho)^2 - \varepsilon\int_0^x t^2 f(t)\mathrm{d}t$$

$$D(I) = A^2\rho^2\alpha^2\sigma^2\left[\int_0^x t^2 f(t)\mathrm{d}t\int_0^\theta y^2 g(y)\mathrm{d}y - \left(\int_0^x tf(t)\mathrm{d}t\int_0^\theta yg(y)\mathrm{d}y\right)^2\right] +$$

$$\varepsilon^2\left[\int_0^x t^2 f(t)\mathrm{d}t - \left(\int_0^x tf(t)\mathrm{d}t\right)^2\right] + \delta^2 \tag{4-3}$$

信贷金融机构的期望收益：

$$E(\pi) = (1-\omega)A\rho\alpha\sigma\gamma\int_0^x tf(t)\mathrm{d}t\int_0^\theta yg(y)\mathrm{d}y - \xi(1-\rho)^2 - c \tag{4-4}$$

因为农户是风险规避的，信贷金融机构是风险中性的。现假设农户的效用函数形式为 $\mu(I) = -e^{-\beta I}$（式中，β 代表农户对于风险的规避程度，$\beta \geqslant 0$），$\beta = -\dfrac{\mu''(I)}{\mu'(I)}$，则：

$$E[\mu(I)] = \int_{-\infty}^{+\infty} -e^{-\beta I}\frac{1}{\sqrt{2\pi D(I)}}e^{-\frac{[\pi-E(I)]^2}{2D(I)}}\mathrm{d}y = -e^{-\beta\left[E(I)-\frac{\beta D(I)}{2}\right]} \tag{4-5}$$

由式(4-5)可得：$\mu(CE) = E[\mu(I)]$，其中 $CE = E(I) - \dfrac{\beta D(I)}{2}$，其中 CE 为不确定条件下的收益的确定性等值（即经理人的风险收入）。

根据确定性等值的定义,在获得完全确定的收益 CE 时的效用水平等于它在不确定条件下获得的效用的期望值。代入上面 $E(I)$ 和 $D(I)$ 的值,可得农户的确定性等值收入为:

$$CE(\rho,\theta,x) = E(I) - \frac{\beta D(I)}{2}$$

$$= A\rho\left[\alpha\sigma\int_0^x tf(t)\mathrm{d}t\int_0^\theta yg(y)\mathrm{d}y - \gamma\right] - b(1-\rho)^2 - \varepsilon\int_0^x t^2 f(t)\mathrm{d}t -$$

$$\frac{\beta}{2}\left(A^2\rho^2\alpha^2\sigma^2\left\{\int_0^x t^2 f(t)\mathrm{d}t\int_0^\theta y^2 g(y)\mathrm{d}y - \left[\int_0^x tf(t)\mathrm{d}t\int_0^\theta yg(y)\mathrm{d}y\right]^2\right\} +$$

$$\varepsilon^2\left\{\int_0^x t^2 f(t)\mathrm{d}t - \left[\int_0^x tf(t)\mathrm{d}t\right]^2\right\} + \delta^2\right) \tag{4-6}$$

因为 $\mu'(I) = \beta e^{-\beta I} > 0$,所以农户的效用函数是单调递增的,所以农户的期望效用最大化就等于农户的确定性等值收入最大化,即:

$$\max E[\mu(I)] = \max CE(\theta,x)$$

则农户的保留效用为:

$$\bar{\mu} = CE_0$$

对于信贷金融机构来说,收益函数的期望效用最大化等价于收益函数期望值的最大化,即有:

$$\max E[\mu(\pi)] = \max E(\pi)$$

因此,信贷金融机构和农户的博弈模型为:

$$\max[E(\pi)] \tag{4-7}$$

$$\begin{cases} \text{s.t.} \ (IC): \max_{x,\theta}[CE(\theta,x)] \\ (IR): CE(\theta,x) \geqslant CE_0 \end{cases}$$

由非线性规划问题的 K—T 条件可解得:

$$\rho = \frac{A\left[\alpha\sigma\int_0^x tf(t)\mathrm{d}t\int_0^\theta yg(y)\mathrm{d}y - \gamma\right] + 2b}{2b + \beta\left(A^2\rho\alpha^2\sigma^2\left\{\int_0^x t^2 f(t)\mathrm{d}t\int_0^\theta y^2 g(y)\mathrm{d}y - \left[\int_0^x tf(t)\mathrm{d}t\int_0^\theta yg(y)\mathrm{d}y\right]^2\right\}\right)}$$

$$\tag{4-8}$$

由上述研究得出农户投资项目的成功率大小是影响农户小额信贷安全的关键因素,而农户由于技术和信息缺乏等原因,项目成功率低。国内实践表明,农户需要的不仅仅是资金,还需要更多与之配套的服务,如农业科学技术,农产品市场信息。因此,政府及各个信贷机构应该积极为农户低费或免费提供相关信息、技术、购销、财务知识培训等支农服务,提高农户经营的综合能力,提高农产品的质量,提升农产品的竞争力,提高农户投资的成功率和收益率,增强偿还能力。同时,积极正确引导农户根据市场需要确定生产计划,选择增收项目,不断增强对市场的应变能力,把握市场发展的方向,提高农户对市场前景的预见性,减少市场波动的影响,使得其投资朝着健康、成功率高、收益好的方向发展,为降低农户信贷风险提供良好保障。

4.3 农户与金融机构信贷行为博弈分析

4.3.1 博弈模型描述及设定

(1) 引入"海萨尼转换",首先由自然选择农户的类型 x,x 可以理解为农户的投资回报率或是贫富情况,它主要用来度量农户的还款能力,是个连续性随机变量。并设 $x\in[\underline{x},\overline{x}]$,它的密度函数为 $f(x)$,分布函数为 $F(x)$;x 的确切值,对于银行来说是封闭信息,但银行知道农户类型的概率分布。同时设 $k(x)=\dfrac{f(x)}{1-F(x)}$,用来度量风险。

(2) 同时引入随机变量 y,y 可以理解为农户是否愿意向银行等正规金融机构借贷,它主要用来度量农户的借款意愿,引入这个变量就可以通过激励,让农户更多地进行信贷,从而促进正规金融在农村的发展。设 $y\in[0,\overline{y}]$,对于银行来说,这同样是未知信息。

(3) 博弈进入第二阶段,这时农户根据自己的情况,选择向银行提供一个资金证明 $s,s=x+y+\varepsilon,\varepsilon$ 是随机扰动项,$\varepsilon\sim N(0,\sigma^2)$,$s$ 的密度函数为 $\phi(s(y),y)$,它的大小和农户的实际情况不一定相符合,这就存在信贷中的一个作假的问题,设作假成本为 $c=c(x,y)$,成本函数要满足 $c'_x<0$,即农户的类型越低,他如果想提供一个较高的资金证明,成本就越高;$c'_y>0$,即农户越想向银行借贷,就会提供越高的资金证明,相应的成本就越高。

(4) 博弈进入第三个阶段,银行在看到农户的资金证明 s 这个信号后,会试图设计一套最佳的信贷机制,由于银行不能识别农户的真实类型,为了让农户不说假话,会提供一个贷款额 l,使得农户在他真实水平下得到这个贷款额给他带来的效用大于他选择任何其他的资金证明。设 $l(x,y)=a(x)+b(x)s;a(x)$ 表示 x 类型农户的一个基本借贷额,即一个借贷的底线。$b(x)$ 表示银行对于农户资金证明的偏好,相同情况下,资金证明越多就可能得到更多的贷款。

假设在博弈过程中,银行是风险中性的,农户是风险规避的。农户与银行的收益函数分别为 $\pi_1(x,y,s,l)$ 和 $\pi_2(x,y,s,l)$;

$$\pi_1(x,y,s,l)=l(x,y)-c(x,y)=a(x)+b(x)s-c(x,y), s=x+y+\varepsilon;$$
$$\pi_2(x,y,s,l)=[s-l(x,y)]+rl(x,y)=s-(1-r)[a(x)+b(x)s]$$

在银行的收益函数中,$s-l(x,y)$ 用来度量银行的信用收益,两者的差值越大,则这笔贷款的偿还越有保证,$rl(x,y)$ 表示实际的贷款收益,r 代表利率。

因为银行是风险中性的,所以它的期望效用就等于期望收益,表示如下:

$$\begin{aligned}Ev(\pi_2)&=E\{\pi_2\}=E\{s-l(x,y)+rl(x,y)\}\\&=E\{[1-b(x)(1-r)]s-a(x)(1-r)\}\\&=\int_{\underline{x}}^{\overline{x}}\int_s^x\{[1-b(x)(1-r)]s-a(x)(1-r)\}\phi[s(y),y]f(x)dsdx\end{aligned}$$

(4-9)

农户是风险规避的,他的效用函数具有不变绝对风险规避的特征,也即是它的效用函数是:$u=-e^{-\rho\pi_1}$,ρ 是绝对风险规避系数,π_1 是农户的收益函数。期望效用为:

$Eu=-E(-e^{-\rho\pi_1})=-e^{-\rho[E(\pi_1)-\frac{1}{2}\rho var(\pi_1)]}=-E(e^{-\rho A(x,y)})$,其中 $A(x,y)$ 为确定性等价收入,即有效用的期望等于效用的期望。

$$A(x,y)=E\pi_1-\frac{1}{2}\rho b(x)^2\sigma^2=a(x)+b(x)y-\frac{1}{2}\rho b(x)^2\sigma^2-c(x,y)$$

(4-10)

所以要使农户的效用最大化,有这样的转化:

$$\max Eu \Leftrightarrow \max[-E(e^{-\rho\pi_1})]\Leftrightarrow \max\{-E[e^{-\rho A(x,y)}]\} \tag{4-11}$$

因为函数 $-e^{-\rho A(x,y)}$ 对于 $A(x,y)$ 单增,所以 $\max\{-E[e^{-\rho A(x,y)}]\} \Leftrightarrow \max A(x,y)$。

这里设农户的保留效用为 $\underline{\pi}$,它刻画的是如果农户不向银行信贷,至少能得到的效用,如果要激励农户向银行信贷,要满足这样的参与约束:$IR: A(x,y) \geqslant \underline{\pi}$。

农户信贷的激励相容条件是:$IC: (x,y) \in \arg\max_{(x,y)}[A(x,y)]$。

农户信贷问题的均衡模型:

根据上面的假设和分析,本书得出农户信贷的均衡问题为:

$$\begin{cases} \max\limits_{y,a,b} Ev = \int_{\underline{x}}^{\bar{x}} \int_s^x \{[1-b(x)(1-r)]s - a(x)(1-r)\}\phi[s(y),y]f(x)\mathrm{d}s\mathrm{d}x; \\ \text{s. t. } IC: (x,y) \in \arg\max\limits_{(x,y)}[A(x,y)]; \\ IR: A(x,y) \geqslant \underline{\pi} \end{cases}$$

(4-12)

由(4-12)式得,它的一阶条件为:

$$\frac{\partial A(x,y)}{\partial x} = A_x(x,y) = -c_x(x,y)$$

$$\frac{\partial A(x,y)}{\partial y} = A_y(x,y) = y - c_y(x,y) = 0 \Rightarrow y = c_y(x,y) \quad (4-13)$$

由(4-10)式将 $a(x)$ 反解出来:

$$a(x) = A(x,y) - b(x)y + \frac{1}{2}\rho b(x)^2 \sigma^2 + c(x,y) \quad (4-14)$$

将(4-13)和(4-14)式代入(4-10)式得到:

$$\int_{\underline{x}}^{\bar{x}} \int_s^x \{[1-b(x)(1-r)]s - [A(x,y) - b(x)y + \frac{1}{2}\rho b(x)^2 \sigma^2 +$$

$$c(x,y)](1-r)\}\phi[s(y),y]f(x)\mathrm{d}s\mathrm{d}x$$

$$= \int_{\underline{x}}^{\bar{x}} \{[1-b(x)(1-r)]y - [A(x,y) - b(x)y + \frac{1}{2}\rho b(x)^2 \sigma^2 +$$

$$c(x,y)](1-r)\}f(x)\mathrm{d}x$$

$$= \int_{\underline{x}}^{\bar{x}} [y - (1-r)A(x,y) - \frac{1}{2}(1-r)\rho c_y(x,y)^2 \sigma^2 +$$

$$c(x,y)(1-r)]f(x)\mathrm{d}x$$

同时由(4-12)式得:

$$A(x,y) = -\int_{\underline{x}}^{x} c_x(t,y)\mathrm{d}t + C_0; 令 C_0 = c(\underline{x},y) = \underline{\pi} \qquad (4\text{-}15)$$

于是均衡问题转化为：

$$\begin{cases} \max\limits_{y,A(.)} Ev = \int_{\underline{x}}^{\overline{x}} [y - (1-r)A(x,y) - \frac{1}{2}(1-r)\rho c_y(x,y)^2\sigma^2 + \\ \qquad\qquad c(x,y)(1-r)]f(x)\mathrm{d}x & (4\text{-}16) \\ \text{s.t. } A(x,y) = -\int_{\underline{x}}^{x} c_x(t,y)\mathrm{d}t + \underline{\pi} & (4\text{-}17) \\ C_0 = c(\underline{x},y) = \underline{x} & (4\text{-}18) \end{cases}$$

引入哈密顿算子，有：

$$H = [y - (1-r)A(x,y) - \frac{1}{2}(1-r)\rho c_y(x,y)^2\sigma^2 + c(x,y)$$

$$(1-r)]f(x) - \lambda(x)c_x(x,y)$$

$$\begin{cases} \dfrac{\partial H}{\partial x} = \{1 - (1-r)c_y(x,y)[\rho\sigma^2 c_{yy}(x,y) + 1]\}f(x) - \lambda(x)c_{xy}(x,y) = 0 \\ H_A + \lambda_x(x) = -(1-r)f(x) + \lambda_x(x) = 0 \end{cases}$$

$$(4\text{-}19)$$

其中(4-13)式转化为：$\lambda(x) = \int_x^{\overline{x}} (1-r)f(t)\mathrm{d}t + C_1 = (1-r)[1-F(x)]$，令 $C_1 = 0$

联立(4-15)、(4-16)式，得：

$$\begin{cases} a(x) = \underline{\pi} - \int_{\underline{x}}^{x} c_x(t,y)\mathrm{d}t - yc_y(x,y) - \frac{1}{2}\rho b^2(x)\sigma^2 - c(x,y) \\ b(x) = c_y(x,y) \\ \dfrac{k(x)}{1-r} - c_y(x,y)[\rho\sigma^2 c_{yy}(x,y) + 1]k(x) = c_{xy}(x,y) \end{cases} \qquad (4\text{-}20)$$

为了使模型具体化，看出 $a(x)$ 和 $b(x)$ 随着 x 和 y 变化的趋势，本书将 $c(x,y)$ 具体化，设：$c(x,y) = \dfrac{y^2}{x}$，带入上式得到：

$$a(x) = 2y^2\left(\dfrac{1}{\underline{x}} - \dfrac{2\rho\sigma^2}{x^2}\right); \underline{x} \leqslant x \leqslant \overline{x} \qquad (4\text{-}21)$$

$$\begin{cases} b(x) = \dfrac{2y}{x}; 0 \leqslant y \leqslant \overline{y} & (4\text{-}22) \\[2mm] \dfrac{2y}{x^2}(2\rho\sigma^2 k - 1) + \dfrac{2y}{x}k - \dfrac{k}{1-r} = 0 & (4\text{-}23) \\[2mm] l(x,y) = a(x) + b(x)s = 2y^2\left(\dfrac{1}{x} - \dfrac{2\rho\sigma^2}{x^2} + \dfrac{1}{x}\right) + 2y + \varepsilon & (4\text{-}24) \end{cases}$$

其中 $a(x)$ 代表了 x 类型农户的一个基本借贷额, $b(x)$ 表示银行对于农户资金证明的偏好, 相同情况下, 资金证明越多就可能得到更多的贷款。由 $a(x)$ 和 $b(x)$ 随 x 和 y 的变化趋势确定出银行的最佳反应函数, 即最佳的贷款额度 $l(x,y) = a(x) + b(x)s$ 为多少。

4.3.2 农户金融信贷行为的激励强化机制分析

(1) 由银行提供给前去贷款的农户的一个基本贷款额 $a(x) = 2y^2\left(\dfrac{1}{x} - \dfrac{2\rho\sigma^2}{x^2}\right)$ 看出, 如果其它量不变, 对于贷款意愿高的农户, 银行提供一个较高的基本贷款额。实际上, 农户向银行等正规金融机构借贷的意愿高, 需要融资时都会转向正规金融, 如果在每次都正常还款的情况下, 他累积到的信用度就会高, 得到的基本贷款额也越高, 以此构成一个源于累积效应的良性循环。

(2) 由银行对于农户提供的资金证明的偏好函数 $b(x) = \dfrac{2y}{x}$ 看出, 农户的还款能力越高, 即 x 越大, 银行对于提供的资金证明的偏好越小, 这与实际情况吻合, 银行要求农户在申请材料中提供资金的证明主要是针对中等收入的农户或由贫困农户组成的信贷小组等真实的偿还能力较低的农户, 而对于本身偿还能力就很高的农户, 资金的证明只是一个参考。

(3) 由银行的最优反应解 $l(x,y) = 2y^2\left(\dfrac{1}{x} - \dfrac{2\rho\sigma^2}{x^2} + \dfrac{1}{x}\right) + 2y + \varepsilon$ 看出:

$$\begin{aligned} \dfrac{\partial l}{\partial x} &= \dfrac{\partial}{\partial x}\left(\dfrac{2y^2}{x} - \dfrac{4y^2\rho\sigma^2}{x^2} + \dfrac{2y^2}{x} + 2y + \varepsilon\right) \\ &= \dfrac{8\rho\sigma^2 y^2}{x^3} - \dfrac{2y^2}{x^2} = \dfrac{2y^2(4\rho\sigma^2 - x)}{x^3} = 0 \\ &\Rightarrow x = 4\rho\sigma^2 \end{aligned} \qquad (4\text{-}25)$$

① 存在一个最优的农户类型, 此类型的农户可以得到最多的银行贷款, 这个

类型是由外界随机扰动因素的方差和农户的风险规避度决定的。这看上去似乎与实际情况不符,通常情况是农户的类型越高,得到的贷款额越大。但实际上,这种情况恰好反映出农户间得不到最优贷款的两种可能性:低于此类型的农户,会因为实际偿还能力低,银行防止他无能力偿还,而贷给他较低的额度,高于此类型的农户无法得到最优贷款,是银行为了防止道德风险,防止农户作假,而不会贷给他最大数额。只有处于此类型的农户,受到外界因素和风险规避度的限制既有一定的偿还能力,也不会恶意欠贷。

② 同时还与农户的风险规避系数有关,风险规避系数越大说明农户越怕担风险,就不会去作假,如果在其他条件相同的情况下,他提供的资金证明额就小或者说作假成分少,这样自然他得到的贷款就少,本式与实际情况完全相符合。

③ 还应该看出 $\frac{2y}{x^2}(2\rho\sigma^2 k-1)+\frac{2y}{x}k-\frac{k}{1-r}=0$ 中可以求出 y 关于 x 的表达式,其中还涉及到 k(用来度量风险),$k(x)=\frac{f(x)}{1-F(x)}$,所以在具体的情况中,农户类型的不同分布会导致不同结果的产生,这可以通过调查和数据采集,从样本的统计中具体化。

因此,由于信息的不对称,银行带给农户贷款前不能甄别出农户的类型 x,在看到农户的申请材料后也无法观察到农户的贷款意愿 y,为了甄别出诚信的农户(不做假),并促使他提高向银行贷款的意愿,银行在设计激励机制时,应该对农户的类型 x、风险率 k、作假成本 c、风险规避度 ρ 和外生变量方差 σ^2 等因素进行综合考虑。银行的最优激励机制设计为 $\{y^*, a^*, b^*\}$。

4.3.3 博弈均衡的图形分析

本书将式(4-16)中的农户的风险规避系数 ρ 设为 0.5,ε 的方差 σ^2 假设为 1,贷款利率设为 5%。得出 $2y\left(\frac{1}{x^2}+\frac{1}{x}\right)=1.05$。

用 MATLAB 表现出 $a(x)$ 和 $b(x)$ 随 x 和 y 的变化趋势如图 4-2、图 4-3、图 4-4。

最后画出银行贷款的反应函数,它表现出银行给农户供给的贷款额随着农户的类型和贷款意愿变化的趋势。

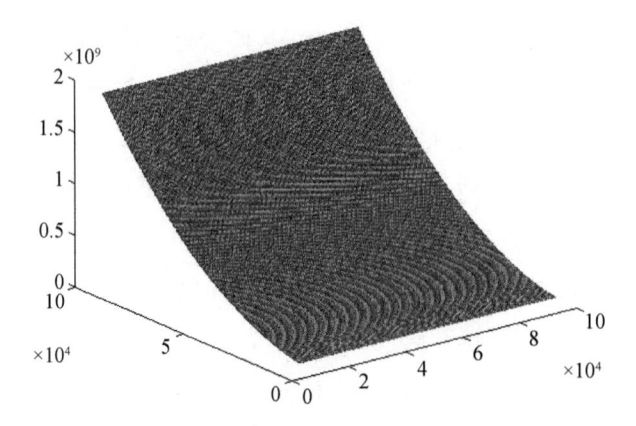

图 4-2　农户类型与基本贷款额相关关系

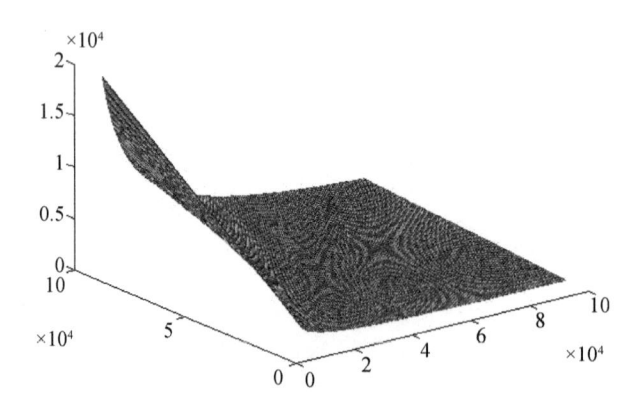

图 4-3　农户类型与资金证明偏好的相关关系

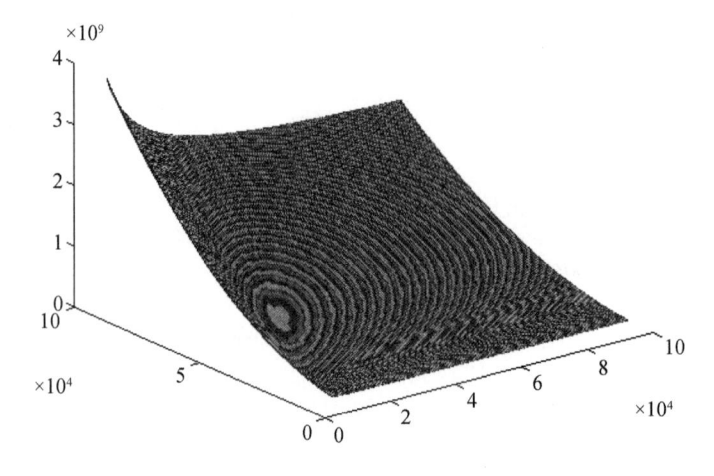

图 4-4　农户类型与贷款额及贷款意愿的相关关系

由图可以看出：

图(4-2)是 $a(x)$ 的变化趋势，可以看出在其他条件相同的情况下，农户的类型越高，相应的基本贷款额就越大。由图(4-3)看出，在其他条件相同时，类型越高，银行对于农户提供的资金证明的偏好就越大，但是如果是在类型相同时，农户的贷款意愿越低，银行对于资金证明的偏好应该越小，图中的表现趋势并非这样，这里存在误差，分析其原因在于本书开始的假设中过于片面，农户的风险规避系数不能简单地设为 1，分布函数的具体情况，也应该根据调查从样本中得出。由图(4-4)看出银行的最优贷款额随 x 和 y 的变化情况，农户的类型越高得到的贷款额越大，但贷款意愿的变化和实际情况有些出入，一方面是由于上述原因，另一方面是由于在博弈过程中信息的不对称，在信号传递的过程中会出现"噪声"，使得在同样的资金证明的情况下，银行无法判别资产证明的额度是不是作假，在此激励机制中，银行只能尽可能设计这样一种机制让农户讲真话，提高贷款意愿。

基于委托-代理模型，对农户信贷问题进行博弈分析，并联系实际情况对模型的解进行了解释，从当前农户的信贷环境可以看出，非正规金融如此活跃，是因为它具有正规金融不具备的优势——是一个完全信息的环境。从模型中可以看出农户的作假成本在农户信贷过程中是一个很重要的影响因素，因此要尽量提高农户的作假成本，相应地增强银行的识别能力。提高农户向银行借贷的意愿，建立长期的信贷关系，使维持性农户或较贫困农户也可以得到较多的贷款，对于农户信贷的发展具有激励和促进的作用。

4.4 农户贷款行为动机与金融机构的行为动机博弈分析

4.4.1 博弈模型前提假设

假设一个不完全信息的信贷交易博弈模型，交易双方为农信社及农户。农户的信贷行为有"不违约"与"违约"两种可能；农户违约的这个假设是合理的，在不考虑其他约束的情况下，农户是有积极性违约的，因为农户从自身的利益出发，借钱后逃避、违约或根本不还对他来说总是好事。相应的，农信社在实施信贷交易时的纯策略有"信贷监管"与"信贷不监管"。

再假设 C_1 是农户作假违约的成本，其中 $Lr > C_1 > 0$。C_2 是农信社调查监管的成本，$C_2 > 0$。L 为农户借的贷款，v 就表示农户的投资回报率，因为每一项都有交

易成本 C，这里统一不考虑交易成本。r 为银行借贷的利率，$v>r$ 农户的投资回报利润一定大于农户要偿还给银行的利息，这样农户才有足够的动力进行投资。

农户作假如果被农信社查出，则无法获得贷款，同时损失了一定的成本 C_1，但是如未被查出可以获得一笔贷款，同时不用偿还贷款和利息；所以农户有足够的动机去作假违约。对于农信社，如果农户作假，它不进行调查，则连本带息都无法收回，会带来信用风险。而农户未作假，农信社进行调查则会付出一定的控制成本（如表4-1）。

表 4-1 农信社和农户在信贷交易中的博弈演化

行为		农信社	
		信贷监管	信贷不监管
农户	不违约	$[L(v-r), Lr-C_2]$	$(L(v-r), Lr)$
	违约活动	$(-C_1, -C_2)$	$[-C_1+Lv, -L(r+1)]$

假设农户中"违约"策略的比例为 x，采用"不违约"策略的比例为 $1-x$，银行群体中采用"调查"策略的比例为 y，采用"不调查"策略的比例为 $1-y$。

农户中"作假""不做假"的期望得益设为 u_{1f}、u_{1n}、$\overline{u_1}$：

$$u_{1f} = y(-C_1)+(1-y)(-C_1+Lv) = Lv-C_1-yLv \qquad (4-26)$$

$$u_{1n} = yL(v-r)+(1-y)L(v-r) = L(v-r) \qquad (4-27)$$

$$\overline{u_1} = xu_{1f}+(1-x)u_{1n} = Lv+xLr-C_1x-xyLv-Lr \qquad (4-28)$$

银行中"打击""不打击"的期望得益设为 u_{2i}、u_{2n}、$\overline{u_2}$：

$$u_{2i} = -xC_2+(1-x)(Lr-C_2) = (1-x)Lr-C_2 \qquad (4-29)$$

$$u_{2n} = -xL(r+1)+(1-x)Lr = Lr-xL-2xLr \qquad (4-30)$$

$$\overline{u_2} = yu_{2i}+(1-y)u_{2n} = xyLr-C_2y+Lr-xL-2xLr+xyL \qquad (4-31)$$

由上述式子得到农户类型比例的复制动态方程：

$$\frac{\mathrm{d}x}{\mathrm{d}t} = x(u_{1f}-\overline{u_1}) = x(1-x)(Lr-C_1-Lvy) \qquad (4-32)$$

银行类型比例的复制动态方程：

$$\frac{\mathrm{d}y}{\mathrm{d}t} = y(u_{2i}-\overline{u_2}) = y(1-y)[xL(1+r)-C_2] \qquad (4-33)$$

由农户类型比例的复制动态方程分析得出：

如果 $y=\dfrac{Lr-C_1}{Lv}$，那么 $\dfrac{\mathrm{d}x}{\mathrm{d}t}$ 始终为 0，这意味着所有 x 水平都是稳态，农户作假的比例任意。当 $y>\dfrac{Lr-C_1}{Lv}$ 时，$x^*=0$ 和 $x^*=1$ 是 x 的两个稳定状态，其中 $x^*=0$ 是进化稳定策略。

当 $y<\dfrac{Lr-C_1}{Lv}$ 时，仍然是 $x^*=0$ 和 $x^*=1$ 是两个稳定状态，其中 $x^*=1$ 是 ESS。

由银行类型比例的复制动态方程分析得出：

如果 $x=\dfrac{C_2}{L(1+r)}$，那么 $\dfrac{\mathrm{d}y}{\mathrm{d}t}$ 始终为 0，所有的 y 都是稳定状态，农信社进行监管的比例任意。当 $x>\dfrac{C_2}{L(1+r)}$ 时，$y^*=1$ 是 ESS，

当 $x<\dfrac{C_2}{L(1+r)}$ 时，$y^*=0$ 是 ESS。

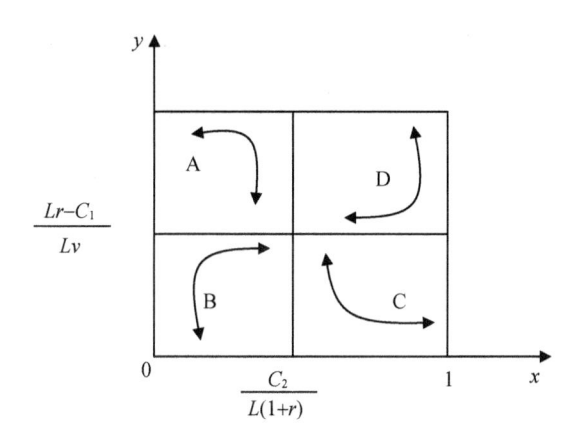

图 4-5　农户与农信社博弈的策略演化图

4.4.2　博弈结果分析

1. 对信贷行为的影响

由农户与农信社博弈的策略演化图(图 4-5)可以看出，在 A 区域内，演化的最终结果趋于 $x^*=0, y^*=1$。也即如果农信社的监管机制健全，则基本可以有效地

防范出现农户作假的行为,降低农户信贷的风险。在我国金融市场化滞后于经济市场化,农信社业务范围过窄,职能单一的情况下,农户的违约活动愈演愈烈,遵守合同约定的概率下降;在此情况下,农信社为自身利益考虑会选择进行信贷监管。因此,要使农户遵守合同,最根本的一点是农村信用组织把自己的为农服务内容不仅定位于为有能力经营的农户提供资金,还应该对农户进行培训,提供提高农户经营能力的服务项目。也就是说,信贷机构一方面为经营能力弱的农户提供信贷资金;另一方面帮助他们在技术、销售等环节上解决一些困难和问题,提高他们的经营能力。在金融机构的参与与监督下进行决策,客观上对农户决策方向和决策结果会产生积极影响。农业信贷要逐步走出以农户作为服务对象的传统信贷方式,实行以经营项目为服务对象的信贷方式,信贷决策的重点应该放在对农户经营项目的评估及日后的监管上。

2. 结果分析

由 B 区域可以看出,如果农信社降低监管力度,农户的作假比例趋近于 1。由式 $y=\dfrac{Lr-C_1}{Lv}$ 可知,要提高农信社的调查比例,可以提高信贷的利率 r,在利息增加的情况下,农户的大量欠贷会带来农信社的严重损失,因此要增加农信社的调查力度。在现实生活中,如果要减少信息不对称对于信贷交易的不利影响,农信社不但要提高审查水平,加大监管力度,而且还要加强全社会信用激励和惩罚性机制的建设,形成一种对守信农户给予必要鼓励与对违约农户给予严厉惩罚的机制。农信社必须加大对守约行为的肯定和违约行为的斥责,从而促使农户在借款时谨慎考虑失信成本,以减少信贷中的潜在风险。

从以上分析可以看出,在中国广大农村地区,纯粹的信用关系还没有建立起来,在正规经济社会体系中,建立信用关系和信用制度是很有必要的。要缓解我国农村金融信贷活动中的潜在问题,加大农信社监管的力度、建立长期合作的农信社和农户关系是切实可行的。

4.5 本章小结

本章主要通过博弈模型的建立来研究农户金融信贷行为、目的与金融机构之间的博弈,同时从博弈论的视角来进行信贷激励强化机制的构建。

（1）农户投资项目的成功率大小是影响农户小额信贷安全的关键因素，而农户由于技术和信息缺乏等原因，项目成功率低。国内实践表明，农户需要的不仅仅是资金，还需要更多与之配套的服务，如农业科学技术、农产品市场信息等。因此，政府及各个信贷机构应该积极为农户低费或免费提供相关信息、技术、购销、财务知识培训等支农服务，提高农户经营的综合能力，提高农产品的质量，提升农产品的竞争力，提高农户投资的成功率和收益率，增强偿还能力。同时，应积极正确引导农户，根据市场需要确定生产计划，选择增收项目，不断增强对市场的应变能力，把握市场发展的方向，提高农户对市场前景的预见性，减少市场波动的影响，使得其投资朝着健康、成功率高、收益好的方向发展，为降低农户信贷风险提供良好保障。

（2）农户小额信贷旨在解决"三农"弱势群体资金需求问题，带有明显的政策性，国家应该对经办金融机构给予政策扶持。财政部门应考虑让金融机构经办此项业务，对因自然灾害等不可抗原因造成的损失以适当比例进行补偿。税收部门应该考虑减免农户小额信用贷款业务的营业税及附加税。人民银行应取消对农村信用社组织资金的歧视性限制政策，并继续加大对信用社支农的再贷款支持力度。

（3）各级政府及信贷机构通过实施支农惠农政策，不仅能提高农民的生产积极性，还能减小贫富差距，提高农村生产力，提高农业生产质量和产量，增加农民的收入，也能提高农户投资农业生产的收益率。

（4）信贷机构通过适当减少贷款利息率，对农户进行信息技术指导，提升农户的生产积极性，引导农户把贷款投向高收益率的项目，进而降低农户的信贷风险，也降低金融信贷机构的成本，从而增加金融机构的收益。

本章研究发现，并不是农户类型越高，能得到的贷款额度就越大。额度的大小除了受农户贫富的限制外，还受到农户信用度的限制。所以，只要提高农户向银行借贷的意愿，建立长期的信贷关系，维持性农户或较贫困农户也可以得到较多的贷款，这样对农户信贷的发展是一个激励和促进。从当前农户的信贷环境可以看出，非正规金融如此活跃，是因为它具有正规金融不具备的优势——一个完全信息的环境。而银行可扬长避短，采用团体借贷，组成的团体之间有连带的责任，相互之间信息透明，基于声誉和连带责任的类似模式本身就可以构成一种激励。

从模型可以看出农户的作假成本在农户信贷过程中是重要的影响因素，因此要尽量提高农户的作假成本,相应地需要增强银行的识别能力。同时从银行向农户提供的最优贷款的函数式看出,要提高基本贷款额的比例,降低银行对于资金证明的偏好,因为前者是通过农户与银行建立长期信贷关系所累积下来的信用确定的,受声誉的影响,可靠性较大,能够降低风险。

同时,信贷机构应该积极努力为农户提供必要的信息服务,引导农户把贷款投向高质量的项目,不断改善生产力水平,提高农户的经营能力,增强农户农业生产的科技力度,降低外界环境变化给农户带来的损失。进而从各个方面提供农户的收入,增强农户的还贷能力和提高农户的信贷信誉度,同时也能够提高信贷机构的利润。

农户个人也应承担一定的风险,积极增加农业生产投入,不断提高自身的农业科技水平,增加自己的收入。政府部门应该积极参与到农户信贷这项艰巨的工程中,通过降低或免除农村信贷机构的营业税,来减轻农村信贷机构的负担,增加农村信贷机构投入农业发展的积极性,提高农村生产力水平和农村收入水平。农村信用社行业管理部门对农村信用社新增不良贷款率有严格的限制。有的农村信用社为完成降压任务,对小额农户信用贷款采取了不及时调整贷款形态、办理借新还旧和重新办理借款手续等手段。这些做法掩盖了贷款质量的真实形态,使信贷资产风险问题不能及时地暴露出来,延误了及时采取措施清收贷款的时间,同时也使借款者产生赖债、逃债的心理,不利于净化农村信用环境。因此,金融机构必须将对小额农户信用贷款质量真实性的监管工作作为一项重要工作常抓不懈,将任务落实到各个监管员身上。要求各监管员每季度必须对监管的农村信用社进行一次贷款质量真实性检查,对掩盖贷款质量真实状态的直接责任人、负责人严肃查处,确保信贷资产质量的真实。

政府部门要督促信用社针对小额农户信用贷款的特点,完善贷款责任追究制度。同时督促信用社加大对小额农户信用贷款的检查监督和考核力度,对贷款把关不严或违规发放贷款造成贷款质量低下的农村信用社,要督促信用社对相关的人员进行责任追究,该下岗收贷的要责令其下岗收贷,问题严重的要取消信用社主任或副主任的高级管理人员任职资格。通过落实责任追究制度,促使农村信用社规范自身的经营行为,严把小额农户信用贷款发放关,加强对小额农户贷款的跟踪与管理,保证小额农户信用贷款的合理投放和资金安全。

第五章 基于机制设计的农户金融信贷风险控制研究

5.1 农户金融信贷风险控制的博弈机制

5.1.1 农户金融信贷控制机制设计的现状

随着金融业务在农村的快速发展和中央惠农政策的实施,在农村,农户信贷问题成了关系农村又快又好发展的关键所在。按信贷原则向贫困者提供生产资金的信贷方式一直受到各国政府的普遍重视。农户小额信用贷款的承贷主体是以农业生产收入为主要来源的农户,农业和农副业生产的收益是农户还款能力的重要保证。然而农业是一个弱势行业,受气候、自然灾害、政策及行情的影响较大,对自然条件的依赖性强,抵御自然灾害的能力较弱,一旦发生自然灾害,小额信贷机构就面临着贷款无法收回的风险。同时,农业的投资效益好坏还受农户个人经营能力、农产品市场波动、农户受教育程度等因素的影响。因此存在着更大的不确定性。

因此,设置一种有效、适宜的农户信贷控制机制是防范农户信贷风险的关键之一。

5.1.2 博弈模型前提假设

(1) 在农户信贷市场中,假设博弈参与人只有提供农户信贷的金融机构和寻求贷款的农户两个当事人,$N=\{1,2\}$表示博弈参与人的集合,其中1代表贷款投资于农业及农副业发展的农户,2代表提供农户信贷的金融机构。

(2) 假设农户和信贷机构在签订信贷契约之前双方的信息是完美的,由于签约之后信贷机构无法看到农户的具体行动,因此在双方签约之后存在信息不对称,会导致道德风险的发生。

(3) 假设农户是有限理性的,且农户都愿意辛勤劳动,获得高额的收入报酬,改善自己的生活、生产等状况。

(4) 为了激励农户的生产积极性,提高农业生产力水平,双方的契约为:信贷机构出纳信贷资金用于农户农业及农副业生产所需(例如购买新式工具、购买优良品种等),具体农户会把贷款投向何种项目由农户根据自己已掌握的信息来投资使得收益最大化;对于贷款利率信贷机构和农户实行分成制,即信贷机构在农户收益减去贷款成本后提取一定的比例作为贷款所获得的利息,设信贷机构分的利润比例为 γ,γ 的大小与农户的收益大小有关,收益好,γ 可稍微提高一些,反之收益低 γ 可以稍微降低一些。

(5) 设信贷机构提供的贷款额为 R,R 由农户的生产规模和生产力水平综合决定,假设农户得到贷款 R 后会全部用于生产中,例如购买工具、种子、技术等等。

(6) 为了简便,本书取影响农户收益的几个关键因素:农户经营能力 M,农户投资项目的质量 H 和农户的努力程度 θ;影响信贷机构的收入因素主要有农户收入的高低、农户的信誉度 B、营业税收 ξ 和自己的努力水平 κ(其中 κ 为信贷机构为农户提供的各类市场信息、技术信息等)。

(7) 假设信贷机构是风险中性的,农户是风险规避的。一般来说,随着个人财富的增长,个人的信贷信誉度提高,还款能力增强同时,信贷机构的信贷风险会有所降低。

5.1.3 利益方的收益函数

在农业生产中,影响农户生产收入的因素有很多,诸如农村的生产力水平、农户使用农具的先进性、农户的科技生产能力、农户的努力程度、自然因素、农产品的市场因素、农业的生产规模、货币资本的效率等等,几乎每一个环节都会影响农户的收益。然而,在诸多影响因素中,有些因素影响的力度比较小或者说与农户收入的相关性不大,本书主要讨论农村生产力水平、农户经营能力、农户投资项目的质量、农户的努力程度、农户的生产规模、借贷资本及金融机构的积极参与对农户收入的影响。本节采用 C-D 生产函数的形式来建立农户的收入函数,因此农户的收益函数:

$$Q = Ae^{t}M^{\alpha}H^{\beta}\theta^{\nu} + aR^{\mu} + \phi - 2R$$

其中 A 为基期的生产力水平；t 为投资时间；α 为农户的经营能力 M 对农户收入 Q 的贡献指数；β 为农户投资项目的质量 H 对农户收入 Q 的贡献指数；ν 为农户的努力程度 θ 对农户收入 Q 的贡献指数，且 $0 \leqslant \nu < 2$；a 为农户的生产规模；μ 为农户借贷资本对农户收入 Q 的贡献指数；ϕ 为外界环境（例如农产品的市场波动、价格变化、供需变化、质量要求的变化等等），与农户自身无关。

信贷机构的收入：

$$\pi = \gamma(Ae^{t}M^{\alpha}H^{\beta}\theta^{\nu} + aR^{\mu} + \phi - 2R) \tag{5-1}$$

农户的利润：

$$Q^{*} = (1-\gamma)(Ae^{t}M^{\alpha}H^{\beta}\theta^{\nu} + aR^{\mu} + \phi - 2R) - C(\theta) + b\kappa^{2} \tag{5-2}$$

其中，$C(\theta) = \varepsilon\theta^{2}$，$\varepsilon$ 为农户的努力成本系数。

信贷机构的税后净利润：

$$\pi^{*} = (1-\xi)\gamma(Ae^{t}M^{\alpha}H^{\beta}\theta^{\nu} + aR^{\mu} + \phi - 2R) - b\kappa^{2} - cB^{\omega} \tag{5-3}$$

其中 ξ 为税务机关对信贷机构征收的营业税率；ω 为农户的信誉度的指数，与农户信誉度反方向变化。

农户的期望利润：$E(Q^{*}) = (1-\gamma)(Ae^{t}M^{\alpha}H^{\beta}\theta^{\nu} + aR^{\mu} - 2R) - C(\theta) + b\kappa^{2}$

$$D(Q^{*}) = (1-\gamma)^{2}\sigma^{2} \tag{5-4}$$

信贷机构的期望利润：

$$E(\pi^{*}) = (1-\xi)\gamma(Ae^{t}M^{\alpha}H^{\beta}\theta^{\nu} + aR^{\mu} - 2R) - b\kappa^{2} - cB^{\omega} \tag{5-5}$$

现假定农户的效用函数形式为 $\mu(Q^{*}) = -e^{-\beta Q^{*}}$（式中 β 代表农户对于风险的规避程度，$\beta \geqslant 0$），$\beta = -\dfrac{\mu''(Q^{*})}{\mu(Q^{*})}$，其中收益 Q^{*} 服从均值为 $E(Q^{*})$，方差为 $D(Q^{*})$ 的正态分布，那么：

$$E[\mu(Q^{*})] = \int_{-\infty}^{+\infty} -e^{-\beta Q^{*}} \frac{1}{\sqrt{2\pi D(Q^{*})}} e^{\frac{[Q^{*}-E(Q^{*})]^{2}}{2D(Q^{*})}} dQ^{*} = -e^{-\beta[E(Q^{*}) - \frac{\beta D(Q^{*})}{2}]}$$

$$\tag{5-6}$$

由式(5-6)可得：$\mu(CE)=E[\mu(Q^*)]$，其中 $CE=E(Q^*)-\dfrac{\beta D(Q^*)}{2}$，其中 CE 为不确定条件下的收益的确定性等值(即农户的风险收入)。

根据确定性等值的定义，在获得完全确定的收益 CE 时的效用水平等于他在不确定条件下获得的效用的期望值。代入上面均值 $E(Q^*)$ 和 $D(Q^*)$ 的值，农户的确定性等值收入为：

$$CE = E(Q^*) - \frac{\beta D(Q^*)}{2} = (1-\gamma)(Ae^{\eta}M^{\alpha}H^{\beta}\theta^{\nu} + aR^{\mu} - 2R) - C(\theta) + b\kappa^2 - \frac{(1-\gamma)^2\sigma^2\beta}{2} \quad (5-7)$$

因为 $\mu'(Q^*)=\beta e^{-\beta Q^*}>0$，所以农户的效用函数是单调递增的，所以要实现农户效用最大化只需使得农户确定性等值收入最大化。即：

$$\text{Max}[\mu(Q^*)] = \text{Max}(CE) \quad (5-8)$$

又因为信贷机构是风险中性的，这就意味着效用的期望收益等于期望收益的效用，即 $\mu[E(\pi^*)]=E[\mu(\pi^*)]$，因此信贷机构的利润最大化为：

$$\text{Max}\{\mu[E(\pi^*)]\} = \text{Max}\{E[\mu(\pi^*)]\} \quad (5-9)$$

5.1.4 基于机制设计的博弈分析模型

对于农村金融机构来说，要想很好地实施激励约束机制，有效地控制农户的行为信贷风险，金融机构在要求自身利润最大化的前提下，还必须做到以下两点：(1) 满足农户自身收入最大化；(2) 使得农户在接受信贷契约后所得到的效用要大于或等于不接受信贷契约所得的效用。因此，金融机构与农户的博弈模型为：

$$\begin{cases} \text{Max}[(1-\xi)\gamma(Ae^{\eta}M^{\alpha}H^{\beta}\theta^{\nu} + aR^{\mu} - 2R) - b\kappa^2 - cB^{\omega}] & (5-10) \\ \text{s.t.} (IC): \text{Max}[(1-\gamma)(Ae^{\eta}M^{\alpha}H^{\beta}\theta^{\nu} + aR^{\mu} - 2R) - \\ \qquad C(\theta) + b\kappa^2 - \dfrac{(1-\gamma)^2\sigma^2\beta}{2}] & (5-11) \\ (IR): (1-\gamma)(Ae^{\eta}M^{\alpha}H^{\beta}\theta^{\nu} + aR^{\mu} - 2R) - C(\theta) + \\ \qquad b\kappa^2 - \dfrac{(1-\gamma)^2\sigma^2\beta}{2} \geqslant CE_0 > 0 & (5-12) \end{cases}$$

由(5-11)式对 θ 求偏导可以得到:$\theta^{2-\nu}=\dfrac{(1-\gamma)A\nu e^{\eta}M^{\alpha}H^{\beta}}{2\varepsilon}$ (5-13)

当 $0\leqslant\nu<2$ 时,θ 与 A、ν、t、M、H 成正相关;与 γ、ε 成反相关。

当 $\nu=2$ 时,θ 与 A、ν、t、M、H、γ、ε 均无关。此种情况无现实经济意义。

当 $\nu>2$ 时,θ 与 A、ν、t、M、H 成反相关;与 γ、ε 成正相关。此种情况无现实经济意义。

由(5-10)(5-12)建立拉格朗日函数得:

$$L = (1-\xi)\gamma(Ae^{\eta}M^{\alpha}H^{\beta}\theta^{\nu} + aR^{\mu} - 2R) - b\kappa^2 - cB^{\omega} +$$
$$\lambda[(1-\gamma)(Ae^{\eta}M^{\alpha}H^{\beta}\theta^{\nu} + aR^{\mu} - 2R) - C(\theta) + b\kappa^2 - \dfrac{(1-\gamma)^2\sigma^2\beta}{2} - CE_0]$$
(5-14)

由 $\dfrac{\partial L}{\partial \kappa}=0$ 得:$\lambda=1$

因此有:

$$L = -\xi\gamma(Ae^{\eta}M^{\alpha}H^{\beta}\theta^{\nu} + aR^{\mu} - 2R) - cB^{\omega} +$$
$$(Ae^{\eta}M^{\alpha}H^{\beta}\theta^{\nu} + aR^{\mu} - 2R) - \varepsilon\theta^2 - \dfrac{(1-\gamma)^2\sigma^2\beta}{2} - CE_0 \quad (5-15)$$

由 $\dfrac{\partial L}{\partial \gamma}=0$ 得:$1-\gamma=\dfrac{\xi(Ae^{\eta}M^{\alpha}H^{\beta}\theta^{\nu}+aR^{\mu}-2R)}{\sigma^2\beta}$ (5-16)

因此,农户所得的收入激励与农户经营能力 M、农户投资项目的质量 H 和农户的努力程度 θ、基期的生产力水平 A、农户的生产规模 a 等因素成正相关关系;与信贷机构的努力水平 κ 成间接正相关关系;与农户的风险规避系数成负相关关系;税务机关征收的营业税大小直接影响金融机构要求的分成比率。

5.2 基于农户联保机制的农户间博弈机制设计

5.2.1 农户联保机制的发展与现状

小额信贷是以一种城乡低收入阶层为服务对象的小规模的金融服务方式,其旨在通过金融服务为贫困农户或微型企业提供获得自我就业和自我发展的机会,促进其走向自我生存和发展。它既是一种金融服务的创新,又是一种扶贫的重要方式。小额信贷最早起源于孟加拉国。1976年孟加拉国吉大吉港大学经济学教授穆罕默德·尤里斯开始研究"如果能提供给贫困户一些贷款,他们能否组织生产自救?"1983年9月孟加拉国正式成立了只为穷人提供信贷援助和服务的孟加拉格莱珉银行(以下简称GB)。到目前为止,GB已向4 000多万贫苦居民(其中95%是妇女)提供了信贷援助和服务,而且还款率高达98.99%。GB的成功受到了世界的关注。

1993年,中国社会科学院农村发展研究所借鉴孟加拉乡村银行小额信贷模式,利用国外机构提供的贷款和国内专项扶贫资金,分别在河南、河北、陕西等省进行试点,取得了成功。1996年我国政府为了解决扶贫资金到户难、还贷率低的问题,借鉴国内外小额信贷的成功经验,大胆进行本土化创新,以国家财政资金和扶贫贴息贷款为资金来源,以"政府＋金融机构＋农业银行"为运作机构大规模参与推动小额信贷在我国的开展。借鉴国际上的经验做法,2000年人民银行制定了《农村信用社农户联保贷款管理指导意见》(以下简称《意见》),提出了农户联保贷款的方式。所谓农户联保贷款是指没有直系亲属关系的3~5户农户自愿组成相互担保的联保小组,农村信用社向联保小组的农户发放的贷款。农户联保采取"自愿联合、多户联保、依约还款、风险共担"的办法。在还清所有贷款的条件下,联保小组成员可以自愿退出联保小组。经联保小组成员一致决定,可以开除违反联保协议的成员,但在开除前应要求借款人还清所欠贷款。联保小组一致同意承担被开除成员所欠贷款的,可以在该成员未还清贷款前开除违反联保协议的成员。

5.2.2 模型的构建与分析

1. 基本假设

(1) 假设参与博弈方为农户 A,农户 B。并且都是以利益最大化为目的的理性经济人。

(2) 农户 A、B 都有两个策略,即还贷(R)与不还贷(D)。若其中一人选择 D,那就意味着另一个人必须要把所有贷款都还清,否则这个联保小组成员都要受到金融机构的惩罚。

(3) 农户 A、B 都分别从农村金融机构获贷款为 C_A、C_B。(获得的贷款量与每个农户的信用度以及对联保小组的评价有关)。金融机构的贷款年利息率为 r,且采用复利形式。

(4) t 年后农户 A、B 的收益分别为 R_A、R_B，若到期后，联保小组中没有人还款，那么金融机构将给予他们惩罚，假设惩罚函数是农户信用度以及农户投资收益函数 $P(R,C)$。

表 5-1　无联保小组惩罚的农户间博弈

农户A \ 农户B	R	D
R	$R_A-C_A(1+r)^t, R_B-C_B(1+r)^t,$	$R_A-(1+r)^t(C_A+C_B), R_B$
D	$R_A, R_B-(1+r)^t(C_A+C_B)$	$R_A-P_A(R_A,C_A), R_B-P_B(R_B,C_B)$

2. 分析该模型（如表 5-1）

(1) 若 $C(1+r)^t < P(R,C) < (C_A+C_B)(1+r)^t$ 时：当农户 A 选择 R 时，对于农户 B 来说起最佳策略为 D；当农户 A 选择 D 时，对于农户 B 来说起最佳策略还 D，因此策略 D 为农户 B 的占优策略，同理对于农户 A 来说策略 D 也是其占优策略。因此在该条件下农户 A、B 的博弈均衡为 (D,D) 结果是该联保小组中没有一个人愿意还贷，最终使得金融机构亏损，联保小组解散。换句话说，若金融机构给予的惩罚力度不够，那么联保小组这个机制不但不能解决农户贷款困境的问题，而且会使得农户产生"搭便车"的心理，进而进一步加大农户的贷款困境。

(2) 若 $P(R,C) > (C_A+C_B)(1+r)^t$ 时：分析可得，该模型的博弈均衡为 (R,D) 或者 (D,R)。按理说在这个条件下对于放贷的金融机构来说是可以收回全部贷款的，但是确定处罚的金额是比较困难的，由于信息的不对称，金融机构难以确定农户的收益情况和信用度；对于农户来说这样的结果也不是帕累托最优的结局。例如联保小组中有人有还贷能力却隐瞒事实而损害他人利益。但是如果该联保小组的机制完善的话，那么上述情况出现的可能将会大大减少。

假设联保小组中有完善的监督机构和惩罚制度，即若有人有还贷能力但却故意隐瞒的话，那么该农户的全部收益将会被联保小组没收，而且会取消该农户在该联保小组的资格，对于该农户来说其最终收益为 0（如图 5-1）。

上述模型有 3 个参与博弈方，即农户 A、B 和由农户 A、B 组成的联保小组。分析该图：对于农户 B 来说，若 A 采取的 R，农户 B 的选择策略为 R；若 A 采取策略为 D，对于 B 来说 R 依然会是农户 B 的选择策略。因此 B 一定会选择 R，那么对于农户 A 来说 R 也会是他的最后策略，综上所述该博弈的最终结果将会是 (R,R)。也就是说，如果存在完善的监督和惩罚机制的话，那么没有农户敢拖欠贷款，

```
                    农户A
                  R╱   ╲D
                  ╱     ╲
                 农户B
              R╱ ╲D   R╱ ╲D
              ╱   ╲   ╱   ╲
              联保小组
```

[$R_A-C_A(1+r)^t$, $R_B-C_B(1+r)^t$]   [0, $R_B-(1+r)^t(C_A+C_B)$]

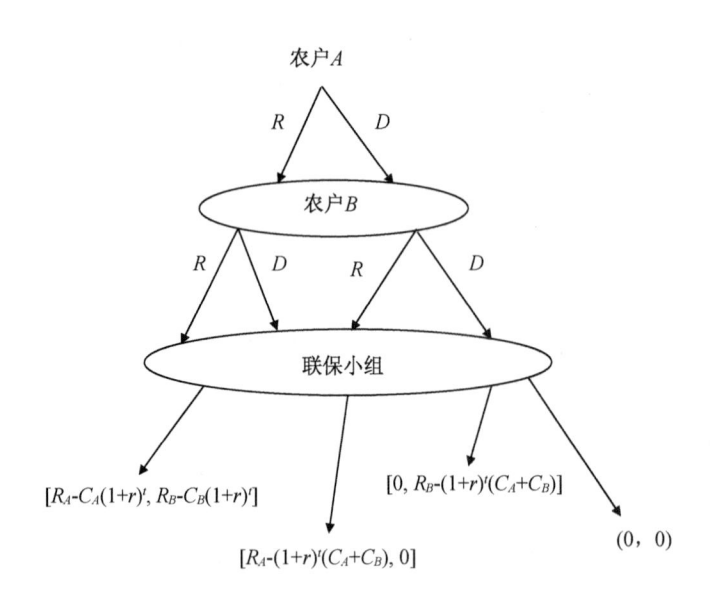

[$R_A-(1+r)^t(C_A+C_B)$, 0]   (0, 0)

图 5-1　含有联保小组惩罚的农户间博弈

这样就达到的最初的理论结果。

然而在实践中，农户联保并没有达到预期的效果。据调查测算，中国农村 1.2 亿户有贷款需求，现在这一满足率也仅达到了 60% 而已。这是因为要在联保小组内形成完善的监督机制是比较困难的：一方面，在联保小组中容易出现拉帮结派的现象，不好管理，存在较大的管理成本 C_M；另一方面，联保小组的设计在实践中并不是完全信息的，要获得成员也存在着信息收集成本 C_F。那么这个机制的监督成本为 C_M+C_F，一般来说在这个监督成本是比较大的，综上所述，联保贷款还是不够完善。

5.2.3　农户联保贷款存在的问题

1. 联保小组设计不合理

根据《意见》，联保小组的成员相互之间承担连带责任，在借款人不能按照约定归还贷款本息时，联保小组成员应当代为还款。同时，联保小组成员有责任协助小组其他成员的贷款申请、使用、管理。在贷款本息未还清前，联保小组成员不得随意处置用贷款购买的资产。这样的规定首先要求成员间要有相同的需求，其次成员间要非常了解信任。否则就会出现上述模型1的结果——联保小组难以形成或者联保小组最终解散。然而，要同时满足这两个条件比较困难。因此，联保小组难以自发形成。

在实践中由于外部性的存在,联保小组的成员间难免会出现互相隐瞒、互相仿效等串谋违约现象,那么联保小组成员间的监督作用都会成为空话,最终也不能达到模型 2 所期望的"帕累托最优"而陷入"囚徒的困境"。

2. 手续复杂,贷款效率低下

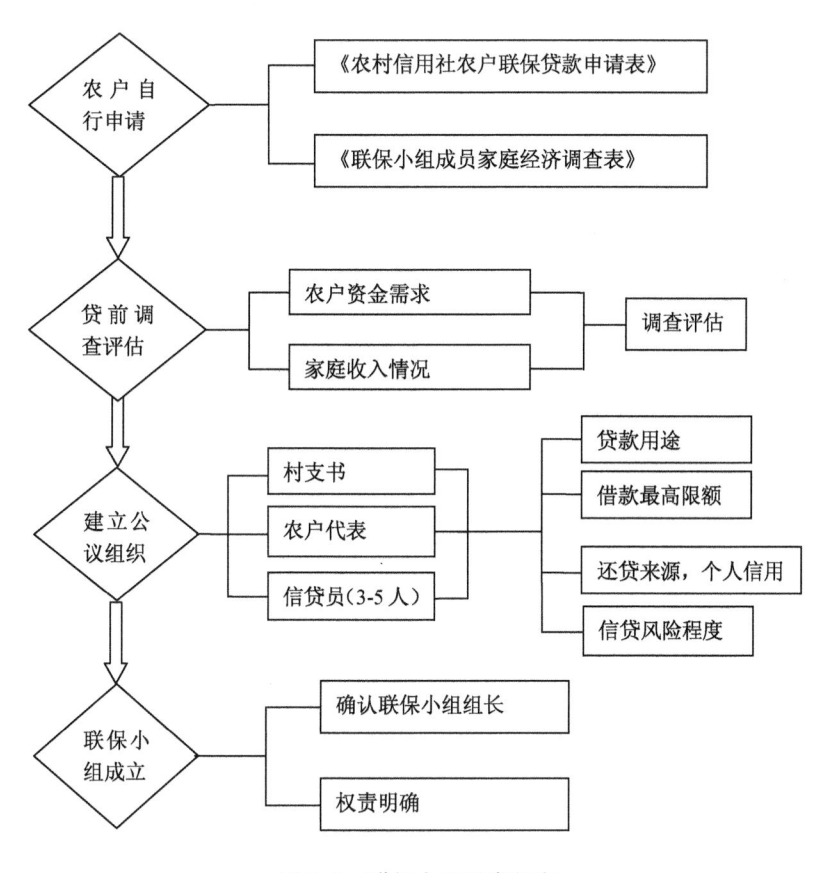

图 5-2　联保小组形成程序

由图 5-2 可以看出农户要组成联保小组的程序比较复杂,要经过农户自行申请、贷前调查评估、建立公议组织,才能组成联保小组,而且每个程序的手续复杂。然而,繁琐的手续必然带来较低的贷款效率。

3. 农户联保存在风险

其一,信贷员的行为偏差而导致的风险。信贷员在经济活动中往往以自己利益的追求作为行为的目标。当信贷员以价值的获得作为业务处理的标准时,他们就会忽视职业道德的存在,银行的规章制度在他们看来将成为谋取私利的绊脚石。一些信贷员除遵守基本的行为规定外,对其他的作为信贷员的应尽责任毫不承担,这也可以看成道德缺失。信贷员这种行为导致的直接结果就是次贷的形成。其二,农户的行为偏差而导致的风险。联保组员间的互相监督、互相帮助、责任连带在实践中容易出现互相隐瞒等串谋违约现象,借款人转让、转借或不按规定用途使用贷款资金的现象时有发生。

5.3 农户与信贷机构学习演化的博弈机制设计

5.3.1 学习演化的博弈机制背景介绍

在博弈过程中,农户群体由于受知识、信息等因素的限制,又由于和银行信息的不对称,因此博弈方是属于学习速度较慢的有限理性博弈者。

因为农村金融是一个极其复杂的问题,农业项目的收益有不确定性,站在银行的角度,他面临着农户的道德风险、农产品的自然风险和市场风险。站在农户的角度,金融机构也存在资金短缺的风险,这里为了简化模型,先不作讨论。在博弈过程中,银行作决策时,他无法判断农户的申请材料好是因为本身的收成好还是由于作假所表现出来的,所以是不完美信息博弈。

5.3.2 博弈假设

假设1:博弈参与人为银行(B)和农户(F),为了描述该博弈的自然风险和市场风险,即农户所无法控制的因素,采用"海萨尼"转换,引入"自然"(N)。

假设2:博弈方的策略集。

农户:$F = (S_1, S_2)^T = \begin{bmatrix} s & ns \\ f & nf \end{bmatrix}$, $s_1 = \{s_{11}, s_{12}\} = \{申请,不申请\} = \{s, ns\}$

$s_2 = \{s_{21}, s_{22}\} = \{作假,不作假\} = \{f, nf\}$;

银行:$B = \{s_{31}, s_{32}\} = \{调查,不调查\} = \{i, ni\}$;

自然:$N = \{s_{41}, s_{42}\} = \{丰收,损失\} = \{G, L\}$。

假设3:博弈顺序。

(1) 首先由自然确定农户是丰收还是损失。

(2) 由农户根据丰收情况确定是否贷款。

（3）农户选择申请贷款后，会根据想得到贷款的程度和道德因素等各方面因素考虑的是否作假，如果作假而未被查出，他们会提高信用等级贷得较多数目的款项。如果被查处，他们不仅不能贷到款，而且会被银行限制，在一定期内不能借贷。考虑到这个因素，我们把信用的损失量化（具体的见后面变量的设定）。

（4）银行在接收了申请材料后，决定是否进行调查，如果作假被调查到，银行可以避免损失，如果没作假银行进行了调查，银行就白白浪费了调查的成本。

假设4：博弈过程中的变量设定。

N：自然（nature）；G：收获（gain）；

F：农户（farmer）；B：银行（bank）；

s：申请（supply）；f：作假（fabricate）；

i：调查（investigate）；p：收获的概率，设 p=0.5；

q：到多节点信息集时，银行判断作假农户的概率为 q；

r：向银行贷款的利率；C：交易成本；

C1：农户作假成本；C2：银行调查成本；

v_h：收成好的农户有高的投资回报率；

v_l：损失的农户再投资有低的投资回报率；

n：银行对农户的信用评级（n=-1,-2,0,1,2）；

S(n)：根据农户的信用等级确定的可贷金额数目；

T(n)：根据农户的信用等级确定的可贷款期限，设 T(n)=2-n；

D(n)：由于违约造成的损失，D(n)=[S(n+1)-S(n)][T(n)-T(n+1)]；

g：申请材料表现出的状况好；b：申请材料表现出的状况差。

5.3.3 博弈均衡分析

银行对农户信贷情况的先验概率：

$$P(G) = p = \frac{1}{2},\ P(L) = 1-p, (G) = 1-p = \frac{1}{2}$$

已知：$P(g|G)=1, P(b|G)=0$，$P(g|L)=q, P(b|L)=1-q$

根据贝叶斯法则，银行在多节点信息集处，作出判断：

$$P(G|g) = \frac{P(g|G)P(G)}{P(g|G)P(G)+P(L)P(g|L)}$$

$$= \frac{p}{p+(1-p)q} = \frac{1}{1+q}$$

所以：$P(L|g) = 1 - P(G|g) = 1 - \frac{1}{1+q} = \frac{q}{1+q}$

用逆推归纳法来找出博弈的均衡，并确定农户贷款(IR_1)和银行信贷的参与约束(IR_2)(即为银行调查的激励相容约束)，农户作假(IC_1)和银行调查的激励相容约束(IC_2)。

(1) 银行作调查的激励相容约束与参与约束为：

银行选择调查的收益函数为：

$$u_{21} = P(G|g)[-C-C_2+S(2)r] + P(L|g)(-C-C_2)$$

$$= \frac{1}{1+q}[-C-C_2+S(2)r] + \frac{q}{1+q}(-C-C_2)$$

$$= -C-C_2+\frac{S(2)r}{1+q}$$

银行选择不调查的收益函数为：

$$u_{22} = P(G|g)[-C+S(1)r] + P(L|g)[-C-S(1)(1+r)]$$

$$= \frac{1}{1+q}[-C+S(1)r] + \frac{q}{1+q}[-C-S(1)(1+r)]$$

$$= -C+\frac{S(1)r}{1+q}(1-q) - \frac{qS(1)}{1+q}$$

若 $u_{21} > u_{22}$，则银行一定会作调查

$$u_{21} - u_{22} = \frac{qS(1)+S(2)r-S(1)r(1-q)}{1+q} - C_2 > 0 \quad (IC_2)即(IR_2)$$

$C_2 < \frac{qS(1)(1+r)+[S(2)-S(1)]r}{1+q}$，只要银行调查的成本小于此式，银行就会作调查。由此看出银行是否做调查和农户选择作假的概率相关，和银行内部根据信用度确定的贷款额有关。

(2) 农户作假的激励相容条件(IC_1)：

要农户有作假的动机，必须满足作假的收益大于不作假的收益，为了更加符合

实际,我们在这里作出如下假设:

$$P(ni) = P(G \mid g) = \frac{1}{1+q}$$

$$P(i) = P(L \mid g) = \frac{q}{1+q}$$

农户作假的收益:

$$\begin{aligned}u_{11} &= P(i)[-C-C_1-D(-1)] + P(ni)\{-C-C_1+\\ &\quad [G+S(1)]v_l - S(1)r\} \\ &= \frac{q}{1+q}\{-C-C_1-[S(-1)-S(-2)][T(-2)-T(-1)]\} + \\ &\quad \frac{1}{1+q}\{-C-C_1+[G+S(1)]v_l - S(1)r\} \\ &= \frac{1}{1+q}[qS(-2) - qS(-1) - qC_1 - C_2 + Gv_l + S(1)v_l - \\ &\quad S(1)r] - C\end{aligned}$$

农户不作假的收益:

$$u_{12} = -C + [S(-1) - L]v_l - S(-1)r$$

农户有作假动机:

$$u_{11} - u_{12} > 0 \Rightarrow$$

$$\begin{aligned}C_1 &< \frac{1}{q}[Gv_l - C_2 + S(1)v_l - S(1)r - S(-1)v_l + Lv_l + S(-1)r] + \\ &\quad [S(-2) - S(-1) - S(-1)v_l - Lv_l - S(-1)r](IC_1)\end{aligned}$$

可见,只要作假成本小于上述公式,农户就会作假。相应的,如果要使农户不作假,就要提高作假成本。由不等式看出农户的作假成本的控制因素有:银行内部的评级系统设计地是否合理;农户的投资回报率,而这又与农业市场机制的健全(市场风险)和外界自然因素(自然风险)以及农业中由技术含量增加而提高的农业生产率相关(科技因素);银行借贷的利率大小。所以农业信贷问题需要改善,也就应从这些方面下手。

(3) 农户信贷的参与约束(IR_1):

用逆推归纳法在博弈的第二步进行判断,如果农户最终的获益不能比不贷款更多,农户就不会贷款。这里涉及到一个问题,如果农户不向银行贷款,但亏损必须弥补,则会向非正规金融借贷,这就会导致农村金融机构发展缓慢而大量非法的非正规金融大量发展。

对于收成好的农户来说,向银行贷款,一般是很必然的选择,因为农户贷款要满足:

$$\begin{cases} -C+[G+S(2)]v_h - S(2)r > Gv_h \\ -C+[G+S(1)]v_h - S(1)r > Gv_h \end{cases}$$

$$\Rightarrow -C+[G+S(1)]v_h - S(1)r > Gv_h \Rightarrow S(1)(v_h - r) > C$$

可见只要农户的信用等级为1时,贷款投资后的净收益大于交易成本,收成好的农户就会找银行借贷,这也就是说,农户在向银行借贷时,银行不要用太繁琐的手续,使得借贷的成本C过大,交易就会成功。

对于收成不好的农户,其参与的约束条件是:如果不作假,借贷投资后的净收益会大于0,可以弥补一点损失,其就可能借贷。作假的动机也出于类似的考虑。所以银行如果愿意帮助农户,而又同时打击作假,只需要做到:

$$\begin{cases} -C+[S(-1)-L]v_l - S(-1)r > 0 \\ -C-C_1-[S(-1)-S(-2)] < 0 \end{cases} \Rightarrow C < S(-1)(v_l - r) - Lv_l$$

因此,如果农户收成不好,又想向银行借贷,在银行的监管之下,其是不会选择作假的。

5.4 农户金融信贷风险的控制机制体系设计

(1) 在农村金融供给体系机制上:发展多层次金融供给组织。由于现阶段我国的正式金融部门受到信息成本的制约以及利率制定的约束,他们所提供贷款的规模与对象受到了一定的限制。但民间的金融组织由于地缘以及社会关系等几个方面的优势,可以以很小的成本鉴别与监督不同类型的借款者,通过利用不同利率来补偿可能存在的各种风险,被排斥在正式的金融供给之外的中收入型农户的借款需求可能会得到满足而高收入型的农户也可能会因避免提供抵押品而获得更大的利益。因此,民间金融可以弥补正式金融的一些不足,增进农村居民的福利。但是,对于低收入的农户,民间金融无法满足其金融的需要,其需要的资金只有从国家的扶贫贷款与贫困救济中才可能得到满足。小额贷款的存在可使中收入型的农户增加取得贷款的途径。因此,包括民间金融组织以及小额信贷在内的其他一些金融组织的存在是十分有必要的,国家应该引导与规范民间金融而不是一味地打压,从而使它们能够更好地为农村居民服务。

（2）在利率机制设计上:进一步放宽对正式金融利率的限制,使农信社的利率能够在更大的范围内浮动,使其可以作为更加市场化的主体和其他金融组织展开竞争,这会有效地降低农村金融市场的利率,从而改善金融机构的服务,满足农村的差异需求以及匹配分层供给。

（3）在抵押品机制设计上:考虑农村土地的流转承包,增加的有效性抵押品。对农村的相关金融组织而言,农村居民缺乏一定的有效的抵押品,不能提供一定的有效地用于弥补因信息非对称而引致的逆向选择与道德风险等问题的抵押品,可以从制度上考虑农村土地的流转承包制的抵押,从而为金融信贷提供有效的抵押品。

（4）在低收入需求者的机制设计上:加强财政金融的支农力度。加强国家财政对农民的支持力度,进一步规范贫困救济与扶贫贷款的发放,严格控制投向。不能直接参与和农户的金融交易的政府,应该严格选择扶贫贷款的对象,相对弱化贷款回收率的要求,同时应该加强对于作为代理人金融机构的监督。

总的来说,多层次的农村需求体系,要求培养一个多元化的农村供给体系,基于机制设计的视角,考虑构建一个"双重四元"的农村金融体系,并且考虑积极推行一些利率方面的改革,从而促进金融部门之间有序的竞争,以提高农村居民的福利。同时,国家还应该严格立法、加强监督,使农村最贫困人口的金融需求得到一定的满足(如图 5-3)。

5.5　本章小结

本章运用博弈论与信息经济学的相关知识,建立了激励机制模型,并通过博弈分析阐述了农户信贷风险控制机制设计体系。基于以上理论的探索本书认为:

1. 完善激励机制降低风险

（1）对农户的激励。农民作为承贷的主体,必须诚实守信。农村金融机构可根据农户信用等级状况和还款情况,建立电子数据库,对按时还款的农户给予更优

```
农村金融供给          发展多层次金       →  正式金融部门
体系机制设计    →    融供给组织        →  民间金融组织
                                     →  其他金融组织

利率机制设计    →    放宽对正式金融利率的限制

抵押品
机制设计        →    农村土地的流转承包

                     加强财政金融的支农力度
低收入需求者
机制设计        →    严选扶贫贷款对象

                     加强对金融机构的监督
```

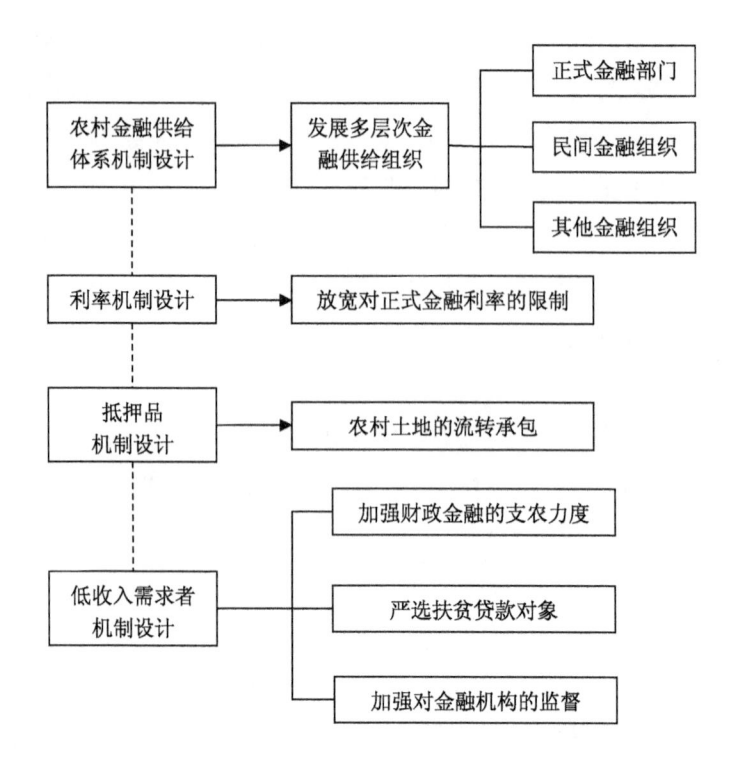

图 5-3　农户金融信贷风险的控制机制体系设计

惠的服务;对未及时还款的农户实施一定的惩罚;对变更贷款用途,出租、出售或转让贷款证的农户,一旦被查出要及时收回贷款证,取消其授信额度,并限期收回贷款。

（2）对信贷员的激励。使信贷员的绩效工资与工作实绩挂钩,即由单一的负激励转变为正负激励机制并举。要进一步完善责、权、利相结合的考核制度,提高信贷员的业务素质,奖惩结合。

2. 完善联保小组设计机制

（1）大力宣传联保贷款政策,提高农户意识。我国农村存在这样的一个现象,许多农户认为小额贷款是扶贫用的。许多有需要的农户或是碍于面子,或是由于攀比心理而不屑于参与。各县级、乡级政府一定要积极宣传,并把支农工作落到实处。各级农村信用社一定要要着力完善经营管理责任制,实行贷款责任追究制,在保证质量、规范管理、防范风险的前提下加大力度积极推广农村金融信贷。

（2）金融机构的监督作用必不可少。在联保制度中,农户间相互包庇的现象屡见不鲜,因此必须要遏制这种现象的蔓延。金融机构必须要时常进行突击检查,对那些互相帮助隐瞒实情的联保小组给予一定的连带惩罚,对那些积极检举的农户给予一定的奖赏,如提供较低的贷款利率等。

(3)规范各级政府特别是基层行政组织行为。各级政府要做到利用媒体加大诚信宣传不误导,引导农民自主贷款、按期归还不挪用,支持信用社自主经营不受干扰,帮助信用社落实村组集体贷款,维护金融债权不受损。对误导农民不顾自身需要盲目贷款,挪作他用,甚至抵缴提留,骗取信用社贷款的行为,政府要坚决制止。

3. 简化程序,规范操作

推行联保贷款的直接受益者是农户,但农村信用社决不能放弃信贷管理原则,应严格执行联保贷款的操作规程,做到既简化又规范,既方便农户又保证信贷资金安全运行。一是结合实际,制订细则。农村信用联社要在中国人民银行相关指导意见的基础上,根据本地实际,针对联保小组贷款的最高限额、各成员贷款的分配、贷款资产的保全和债务的落实等方面制订实施细则,既要保证农户参与的积极性,又要切实降低信用社的贷款风险。二是重视联保小组的选举,充分发挥联保小组长对组内成员的监督和组内成员之间的监督作用,使之相互监督贷款的使用和归还,切实防范贷款风险。

4. 加强农户信贷的监督惩罚机制

在中国农村的小额信贷市场上,由于农户知识文化的限制,造成了一定的认知偏差和行为偏差。同时由于农业的特殊性造成了农户信贷市场供需的失衡,进一步加大了外界约束。在这样的借贷条件下,无论是投资回报率高的农户还是收成差的农户,都有充分的违约动机。道德风险常有存在,因此在设计好激励机制的同时,加强银行的监管是必不可少的。银行可以在加大监管的同时,增加惩罚力度,从而增大农户的违约成本,这是防范信贷风险的又一有效途径。

第六章　农户金融信贷行为及风险的实证研究

6.1　农户金融信贷行为调查的背景

当前农村金融机制缺陷表现比较突出,形成原因也比较复杂。中国小额信贷项目大体可分为三大类型:第一类主要以探索我国小额信贷服务和小额信贷扶贫的可行性、操作模式及政策建议为宗旨,以国际机构资助为资金来源,以民间或半官半组织形式为运作机构的小额信贷试验项目。第二类主要是借助小额信贷服务这一金融工具,以实现2000年扶贫攻坚和新世纪扶贫任务为宗旨,以国家财政资金和扶贫贴息贷款为资金来源,以政府机构和金融机构(农业银行)为运作机构的政策性小额贷款扶贫项目。第三类,农村信用社根据央行信贷扶持"三农"的要求,以农信社存款和央行再贷款为资金来源,在地方政府的配合下开展农户小额信用贷款和联保贷款。我国现在有几百个从事小额信贷的机构,此外还有30多个相关的国际组织活跃在全国100多个地区。但是许多业内人士指出,与亚洲和世界其他地区相比,中国的小额信贷开展得不是很好,绝大多数小额贷款项目并不成功。据国务院扶贫办政策法规司司长刘福合透露,国内小额贷款在鼎盛时期总额有三十多亿元人民币,而目前的贷款余额只有几亿元人民币。尽管1998年政府给予了非银行的小额贷款发放机构合法的地位,但是迄今为止小额信贷仍然举步维艰。这是多方面的原因造成的:央行和中央政府为了控制金融风险,有意收缩非金融机构贷款的发放。农业银行、农村信用社在市场经济竞争中追求利益最大化,以至出现"嫌贫爱富"的现象,小额贷款普遍存在到达率低的问题,资金无法到达真正贫困的人群手里。一些专家指出,小额信贷在中国由于运行成本高、还款率低,造成其不可持续。据估计,中国农业银行的小额扶贫信贷回收率仅在50%~60%之间,有些地方甚至更低。这主要体现在以下几个方面：

（1）政策定位上的长期摇摆不定，涉农金融组织体系建设的政策取向长期模糊不清，金融支持"三农"弱化。在市场化的进程中，金融机构特别是农村金融机构市场的定位，政策层面上始终处于探索的阶段，事实上，导致了农村金融要素和金融资源供给与农村经济的发展呈反向变化趋势。国有商业银行已经基本完成了从乡镇的战略性退出，涉农的金融机构在乡镇的机构数量与人员数量大幅度地减少。从调查的情况来看，六年来，调查地区第一产业平均的增速达到了 3.98%，同期涉农金融机构的数量从 2001 年的 538 个减至 2006 年的 318 个，下降了 40.9%，金融支持"三农"的功能在不断弱化。六年间，农业银行直接投放到农业的信贷资金不足 3 亿元，票据融资也非常少。由于农业发展银行贷款能力的有限，目前只对 26 户农业产业化龙头企业贷款了 3.2 亿元，扶农作用微弱，可见政策性银行的作用发挥并不充分。近年，农信社也有从农村市场退出的倾向，对农户贷款大幅度减少，连续两年对农户的贷款分别下降了 3.1% 和 1.1%。

（2）追求低的风险利润，涉农的金融机构经营的目标取向上具有内在的冲动性。农业是社会效益高但经济效益较低的弱质型产业，这与银行经营的商业盈利性的目标存在着突出的矛盾。在以追求利润为目标的冲动下，资金由农村集中到城市，由各自的上级部门集中投向到优势的行业与产业中的大项目与大企业上。涉农的金融机构组织的资金主要以上存的形式向中心城市集中，来自于乡镇以下的大的金融资源集中到县及以上的中心城市。根据调查，2007 年乡镇以下的金融机构向县域集中资金达到 75.3 亿元，而调查地区向省会城市集中资金也在 70 亿元上下，这主要来自于乡镇以下的农村地区。

（3）现行的金融运行体制与信贷政策为涉农的金融机构追求利润最大化提供了一定的可能性。现行存款集中上存，贷款集中审批的这一基本金融运行模式，使得金融资源不断地从贫困地区流向发达地区，从农村流向城市，从农业产区流向非农产区，金融的空洞化导致了大部分农村地区的资金流失严重，致使乡镇以下的信贷投入与存款贡献的差距进一步扩大。6 年间，调查地涉农的金融机构存款增加了 107.9 亿元，年平均增加速度为 15.2%，其中来自于乡镇以下的存款增加了 59.2 亿元，占涉农的金融机构存款增加总量的 54.9%，同期，涉农的金融机构贷款增加了 44.4 亿元，年平均增加速度为 6.9%，低于存款增速 8.3 个百分点。这其中，乡镇以下贷款增加了 7.1 亿元，年平均增加速度为 5.02%。金融对"三农"的信贷投入的"缺位",城乡信贷结构的失衡问题极为突出,金融资源配置效率低下,导致了农村资本的积累十分匮乏,投资增长十分缓慢。

(4) 与城市工商企业的贷款利率的水平相比,农村企业则承担了更高的融资成本,农村金融压抑更加明显。据调查显示,农村企业普遍认为金融机构利率的执行水平偏高。所调查的 211 户企业中,认为利率水平"偏高"的有 97 户,占比 46%。其中自 2005 年以来,在与金融机构有过借贷关系的企业有 180 家中,93 家的利率在 7.5‰ 到 9.6‰ 之间,占比 44.1%;87 家的利率在 9.6‰ 到 12‰ 之间,占比 41.2%。与城市工商企业总体比较而言,金融机构给农村企业的贷款利率还是偏高的。同时,农村企业从民间融资的利率与金融机构贷款利率相比更加偏高,在有内部集资的 102 家企业中,94 家付息企业集资的利率均比金融机构同期限贷款的利率高。2007 年,从民间融资市场借款的 78 家企业中,有 41 家企业借款利率在 12‰ 以上,占比 52.6%;有 27 家利率在 12‰ 到 15‰ 之间,占比 34.6%;有 10 家利率在 15‰ 以上,占比 12.8%,其中 3 家利率在 18‰ 以上,占比 3.85%。

(5) 配套政策和措施的不到位,出于风险控制的需要也导致了涉农金融投入的谨慎。农业经济始终伴随着自然、经营与市场的三重风险的压力,但农业保险的综合配套政策至今还没有系统性地出台,从而致使农业投资的项目缺乏有效的风险转移机制与风险分散渠道,涉农企业以及农户属于担保的盲区,调查地有 5 家担保公司,而到位的资金却只有 8 910 万元,无力覆盖整个农村。

随着农村经济的发展,农业人口逐渐向非农领域转移,外出打工和自营工商业在农村快速发展,产业结构调整步伐逐渐加快,所有这些生产经营行为都需要大量的资金,农户信贷需求在农村不断扩大。解决"三农"问题,迫切需要加大对农户的农业科技创新和金融扶持,变以往单一的农业救济补助等输血疗法为提供金融、信息、技术、市场支持的自我造血疗法。

而我国从 1996 年开始进行新一轮的农村金融体制改革,对农村的国有商业银行网点和业务进行了调整,工商银行和建设银行将支农业务转到了农业发展银行,留下的网点主要从事存款业务,将农村的资金转移到了城市。农业银行和农村信用合作社(简称"农信社")成为了仅有的两家从事农户贷款的正规金融机构,而农业银行的发展战略显示其将放弃农户商业信贷,农村合作基金会也于 1999 年关闭了。由此可见,改革之后我国农村信贷由传统的多家金融机构支农的局面变成现在的信用社一家支农的局面,同时邮政储蓄在争夺农村的存款资源,使得信用社的资金难以支撑农村的信贷需求,这种局面使得近年来农村非正规金融组织蓬勃发展。而政府一直以来却对非正规金融组织的存在和发展加以限制,仅允许一些小额金融组织的存在,同时扩大对农村信贷的供给,防止高利贷在农村的盛行,但这并没有起到预期的目的。

(6) 农户小额贷款的需求和农户信用不对称。金融机构意义上的"信用"不仅局限在"诚信"的范畴,它指的是在"诚信"前提下,有一定的经济实力与一定的生产经营管理水平的行为人以及稳定可靠收入来源的综合结晶。因此,贷款的需求和信用历来是一对矛盾体,有贷款需求的,但信用条件不一定好;信用条件好的,但贷款需求往往不高。这种情况在农村的小额贷款中显得尤为突出。在农村中,1万元以下的小额贷款户,大多数是一些小规模的种养殖户,一般种几亩大棚或者养10多头猪、羊等,劳动力均以务农为主,除了农业外,无其他稳定可靠的收入来源,因此,信用基础差,放贷风险也比较大,农信社不敢冒这种风险放贷。而一些家庭经济条件比较好、信用条件比较优良与农信社敢放贷的一些农户,他们在贷款上的需求呈现二极分化。即为一部分家庭主要劳动力在外务工,大部农作是由老人和妇女承担,户平均耕地少,农畜的饲养量小,即使因为种一些大棚或者养一些家畜禽类等而临时周转困难,由于他们的信誉好,一般农户间以及亲朋好友之间互借也比较方便,这部分农户贷款的需求量十分低下;另一部分规模较大,有经营项目的种养大户以及营运大户等,他们需求的资金量大,周转的周期长,但是由于受小额信用贷款额度所限不能满足他们的资金需求。除此之外,联户担保小组以及农户认识水平相脱节。有的地方联户担保小组成员要求是由没有直系亲属关系的农户组成,但现阶段条件下,农户的认识水平受到社会信用观念、法制观念及邻里关系的限制,在农户之间很难建立有效的信任关系,往往出现组织松散,人心不齐以及矛盾重重等情况。联户担保小组的要求与现阶段下农户认识水平的脱节,使得联保小组名存实亡。还有就是信贷行为与支农要求的不匹配。一是支农意识还不强,一部分信贷人员的思想认识参差不齐,没有从真正意义上重视支农这个工作,他们怕麻烦,怕承担责任,片面强调小额信用贷款的面广、量大、额小以及风险大,工作上缺乏一定的主动性。二是宣传工作的不到位。许多农户对小额信用贷款以及农户联户担保的知识知之甚少。有关政策、办法以及规定仅仅停留在镇、村干部这一层面。三是部份基础的工作流于形式。部分信用社建档的工作流于形式,建档内容简单、陈旧以及缺漏现象较多,甚至还有一些与实际情况有一定的出入,有的建档后束之高阁,没有真正地发挥作用。四是农村信贷需求动态情况不够明朗。有的信贷员至今还讲不清辖区内农户有效贷款需求和农户信用等情况。

6.2 农户金融信贷的风险控制机制缺陷

```
                        ┌── 贷款监测、预警机制及考核机制缺位
农户金融信贷的风险控制机制缺陷 ──┼── 金融机构对农户信贷扶持缺位
                        └── 内控管理、组织宣传及政策缺位
```

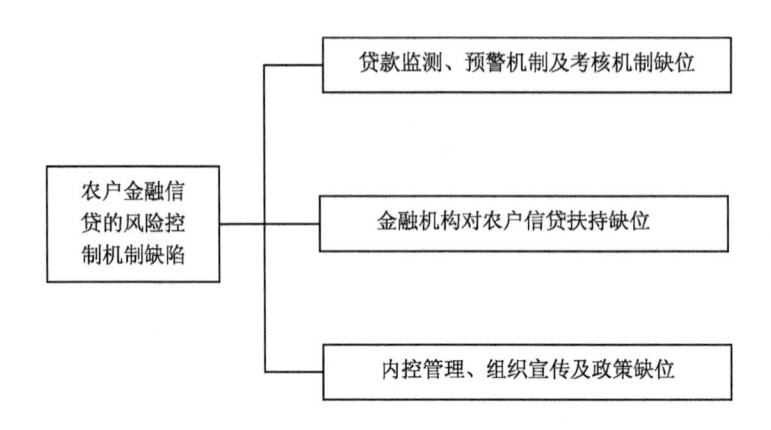

图 6-1 农户金融信贷的风险控制机制缺陷

6.2.1 贷款监测、预警机制及考核机制缺位

由于农户人数众多、居住分散,部分银行对小额农户贷款未实行真实有效的动态管理,日常及定期到户检查落实不到位,导致风险预警、防范滞后。由于缺乏明确的责任追究制和考核奖惩办法,各操作环节的经办人员自我约束意识不强,贷款行为随意性较大,从而产生操作风险。风险预警的着眼点是要达到前馈控制,即从企业和行业发展变化的信息中提前获得各种警示性信息,以提高贷前分析效率,改善贷中决策质量,优化贷后管理技术。风险预警的重点是要全面把握行业信贷风险、区域信贷风险和客户信贷风险等。但国内银行一方面由于考核机制上偏差,造成部分经营机构因为对短期利益的追求,忽视了贷后的风险管理;另一方面由于缺乏有效的风险监测和控制手段,通常使得静态分析多于动态分析,定性分析多于定量分析,事后反馈多于事前防范。这种机制只注意到企业经营的表象,而对风险的敏感性不高,往往误导银行决策,以致银行错误放贷或丧失最佳的信贷退出时机。

农村金融机构的信贷管理缺乏清晰的权力责任制度和激励约束制度,当激励不足、约束过度时,信贷人员会选择消极怠工,而激励过度约束不足时,则容易选择铤而走险。同时,当贷款出现问题时,往往通过所谓信贷委员会的集体负责制度来

承担责任,结果出现追究责任无从着手的局面,导致必须在业务发展与风险控制之间进行单项选择,或是片面追求信贷资产质量现象,从而使得信贷业务持续萎缩,或是无视信贷资产风险,盲目发放贷款,不良贷款率居高不下。其主因,在于缺乏信贷风险与效益整合管理的理念以及信贷风险与效益整合管理的机制。从金融机构的内部控制风险的角度分析,信贷风险主要源于贷款的"三查"制度执行不力,存在制度流于形式的问题。一是贷前调查作为风险控制的关键环节,信贷人员做不出有深度的调查,对于企业提供的报表数据轻易采信和运用。二是贷后检查作为风险控制的重点环节,放松了对贷款企业的后续管理。贷后管理仅限于应付日常制度检查的需要,不能真实反映企业的实际情况,造成贷款预警机制失灵。三是没有建立起直观科学的风险控制指标体系,企业财务指标的风险预警、监控信息体系过于复杂,不易于操作。制度性垄断使农村地区缺乏有效竞争信贷市场,除了遵循市场化运行机制使价格能够反映成本与风险外,目前农村地区的小额信贷没有一个有效的市场竞争格局来约束市场主体的行为,且这种垄断是制度性的安排。一方面将近300个小额信贷组织在制度束缚和农户庞大需求的挤压下,必然在短时间内遭遇资金瓶颈,更谈不上与当地信用社开展较大规模的竞争。另一方面,多年来的农村金融体制改革造就了高度垄断的农村合作金融体系。国有银行的退出,股份制银行的限制和不同农信社经营的地理范围划分直接扼杀了市场竞争,使得农信社在一个地区(通常为一个乡镇)形成垄断,引发了其微观主体意识淡薄、经营效益不佳、服务不完善的系列问题。而具体到小额信贷这种政策性和商业性兼具的业务上,常常表现出极端倾向,要么就没有更多竞争性的承接者,怕业务流失而无视需求,片面强调风险,缺乏信贷支农主动性;要么就是没有比较和退出机制,好坏一个样而无视风险,片面强调政治任务,缺乏可持续发展意识。

6.2.2 金融机构对农户信贷扶持的缺位

农村正规金融机构提供的金融服务难以满足农户的信贷需求。随着农村经济的发展及农业产业结构的调整,农户信贷需求的规模和范围将进一步扩大,而目前在农村金融市场中,农业银行调整经营战略,原有农村金融的主导地位不复存在,针对农户的贷款业务越来越少;农业发展银行业务范围过窄,职能单一,不能充分发挥政策性金融的作用;农村信用社虽然被喻为支农"主力军",但由于种种原因,尚未找准自己的市场定位,其提供的金融服务难以满足广大农户的需求,苛刻的贷款条件,过高的抵押、担保要求使农户特别是低收入农户很难从正规金融渠道取得所需资金,出现了农户贷款难、信用社难贷款的困境。

关于农户贷款难题的成因,以往的研究大多认为:由于正规金融机构和农户之间的信息不对称和农户自身存在的道德风险,导致农户不良贷款和违约频繁发生,从而引发正规金融机构的逆向选择,迫使其厌恶农村投资环境而加快撤离农村,这种外部性约束形成农村金融的恶性循环,加重了农户的贷款困境。中华人民共和国中央人民政府网2007年发布的《中国银行业农村金融服务分布图集》显示:我国农村与城市金融资源配置极不平衡,农村金融竞争不充分,城市人均贷款大约是农村的9倍。正规金融机构远离农村的另一原因便是收益与成本的不匹配。自从2001年以来,我国的农村信用合作社"自上而下"地全面推广农户小额信用贷款,这种在国家政策导向下的金融制度的安排,行政激励程度过高,市场激励程度不足,导致了财务自立能力的低下,可持续发展正面临着风险。本书以新余市为例,2004年全市的农村信用社筹资的成本是4%左右,农户小额信用贷款的利率是7%左右,从表面上看约有3个百分点利差的收益,但实际上,该匡算却忽略了三项不确定性的成本。一是费用成本问题。影响农户小额信用贷款费用的主要因素在于交易对象数量的过于庞大。例如全市32家农村信用社,平均每家农村信用社要面对5 214个潜在的交易对象,并已与其中的2 154个农户建立了交易上的关系,然而每户交易金额平均不超过1 658元,这反映出农户小额贷款单笔的金额小但是数量大的特点。二是风险的成本,据我们调查,当前引发农户小额信用贷款风险的主要因素有以下几点:① 信用风险问题。虽然小额农贷经过了农户的信用评级,但是由于事前与事后信息的双重不对称容易引发农户的逆向选择与道德风险;在当前农村的信用制度不健全,一些农户信用意识淡薄的情况之下,小额农贷风险的约束力不强。再加上农户贷款的分散,农村执法成本比较高,这就增加了造成信贷资金损失的各种可能性。② 自然和市场的风险。农业是弱质产业,而农民是弱势群体,一旦他们遇到较大的自然灾害与市场风险,农业生产必将受到很大的影响,而造成的损失当中必然有一部分会转化为信贷资金的风险,从而导致小额农贷的回收率偏低。以新余市为例,截止2004年末,全市农村信用社额农贷的不良贷款率达到21.3%。三是机会的成本。农村信用社发放的农户小额信用贷款,正是把资金投向收益率相对低下的农业产业领域,无疑地增大了它的机会成本。

但是,除了正规金融机构远离农村金融市场、造成农户金融信贷服务缺位的外部性约束外,农户对于贷款的认知偏差、在贷款使用过程中的行为偏差是否也是制约农户贷款困境的又一主因,也有学者从行为金融的角度进行了探讨,剖析了中国湖南省的农村合作基金(RCFs)失败的原因,认为由于某些农户的知识水平局限和认知偏差以及懒惰等不思进取的态度,会导致其投资项目的具有很多的不确定性。当农户的生活性资金遇到困难时(比如婚丧嫁娶和生病),他们会动用生产性资金来予以弥补。这种对于贷款使用的行为偏差进一步加大了农村信用社对农户贷款的约束。乡镇企业和农民信用观念淡薄,在一定程度上影响了农业银行和农村信用社投放的积极性。但是这些研究多从理论的角度进行研究缺乏大量实证数据的支撑,其说服力尚显薄弱。

根据2007年的统计数据,在5500万贫困农户中,有约4000万户没有得到过正规信贷服务,而在民间金融市场上,却有近2000亿元的信贷量存在,除去其中少量属于非政府性质的民间组织的信贷活动外,大部分属于国家禁止的非法高利贷。这一高一低是否反映我国贫困农户信贷的真实状况,贫困农户信贷难的内在原因在哪里,在我国农业环境发生重大变化的现阶段如何解决我国农户信贷难的问题,是关系到我国农业经济发展乃至我国社会总体经济发展的重要问题。

农户的信贷活动是一项高风险的金融活动,通过对农户信贷行为及风险防范机制的研究,可以建立良好的农村信贷服务体系,有助于农户通过发展农业生产来增加收入,也有助于化解农村信贷风险。如果贫困农户获得正规信贷的能力扩大1%,其收入将增长0.8%。在改善信贷服务环境方面,通过建立有利于贫困农户信贷风险补偿、扩散、转移的信贷服务机制,可以为社会主义新农村建设提供强大的金融信贷支持。

6.2.3 内控管理、组织宣传及政策缺位

农户的小额信用贷款与农户的联保贷款的推行以农户的"信用"为唯一标准和条件。小额信贷,将通过信用等级的评定与贷款证的发放,将"穷可贷富可贷、不讲信用不可贷"的信用观念深入人心。这不仅是农信社调整信贷结构与防范信贷风险的重大举措,也是农信社为了农民的思想实践,落实我党在农村的各项金融方针政策,推动农村经济全面协调发展的一个重要手段。同时,对增强农民诚实守信意识,培育良好农村信用环境也起到一定的推动作用。但部分信用社在宣传过程中由于缺乏深度、广度,致使宣传工作不到位。真正了解此项工作目的和意义的农

户并不多,甚至一些乡(镇)村组干部也不甚了解。小额信用贷款与农户联保贷款的资信评定工作虽然一再进行,但对部分农信社来说效果并不好,甚至误导了个别农户的借贷观念。因此,推行小额信用贷款与农户联保贷款对部分信用社来说不但起不到防范化解信贷风险与解决农民贷款问题的作用,反而严重地背离了创新小额农贷的初衷。农村信用社,作为正规的农村金融机构,负责筹集农业政策性信贷资金,承担农业金融业务,代理财政性支农资金拨付,为农业和农村经济发展服务。这样的定位,使得人们从一开始就对农村信用社的性质产生了错误认识,普遍认为政策性信贷是国家的第二财政,既然是政府的钱,用了可以不偿还。一时间地方政府千方百计多争项目、争贷款;企业不顾条件拼命多借;农户也千方百计地以开发和脱贫为名把资金弄到手。由于农发行缺乏经营经验,在来自各方的非理性行为的干扰下,农业政策性资金被盲目争夺、挤占、挪用,导致农村信用社金融风险日趋严重。这种情况在政策性业务发展初期非常普遍,以至于当时放出去的政策性贷款中有相当一部分成为不良资产,其中有不少成了呆坏账(如图6-2)。

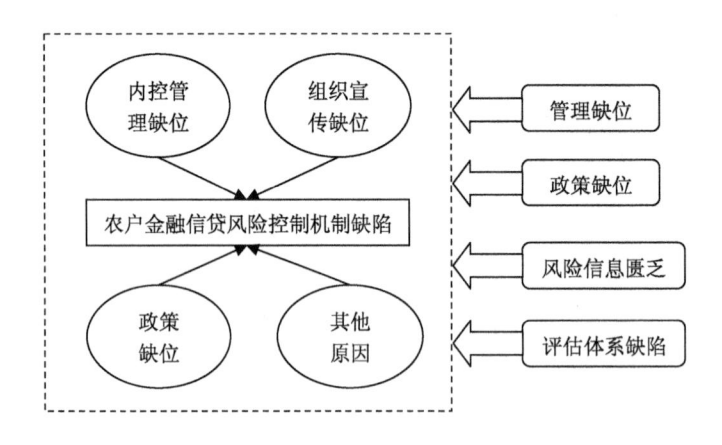

图6-2 农户金融信贷风险控制机制缺陷之内控管理、组织宣传及政策缺位

(1)管理的不到位。以"信用"为载体的小额农贷创新,已经推行了将近三年。其贷款证的发放是农信社通过对所辖农户进行等级评定后核发的,是信用借贷者的资信证明。而农户资信评定则是农信社发放贷款证的基础,是发放小额信用贷款与农户联保贷款的贷前调查以及发放依据。由于一部分地方政府与村委对农信社的参与程度较低,信贷人员较少,目前,一个基层社信贷员负责二到三个村,少则一千多户,多则近二千户,再加之个别人员的素质较差、责任心不强及社领导管理不力等多种原因,导致农户的资信评定工作与跟踪调查很难有效地进行。个别农信社仅凭信贷人员与社领导的主观印象而对农户进行信用等级评定,要么由村组干部提供的花名册与地址在家或社办或村办闭门造车,要么干脆就请村组干部根据花名册而随意填写资信评定卡片,评定工作极其不科学,随意性以及片面性很大,评定工作大多停留在文章表面,理性认识与实际操作的深度不够,这严重地挫伤了农户参与资信评定的积极性。同时,也造成了一些潜在的风险隐患。此外,还有些信用社资信评定档案工作丢三落四,需要时难以从第一手资料中准确地判断出农户的资信状况。

(2) 政策的不到位。目前商业银行在农村的经营网点以及县以下邮政储蓄网点的存在,致使农信社筹集支农资金的难度加大,农村资金的供求矛盾日益突出,有相当一部分信用社支农资金存在缺口,从而导致农信社核发贷款证时所承诺的"一次核定、余额控制、随用随贷、周转使用"及承诺的"三优先"(即"社员贷款优先、信用农户贷款优先、农业贷款优先")难以落实。另外,农信社承诺的利率优惠政策执行也不到位。目前,部分农信社对拥有贷款证的信用农户与拥有《股金证》的社员贷款以及农业贷款一律执行与其他贷款一样的利率,这严重地挫伤了农户入股的积极性。另外,一些地方党政领导由于缺乏金融知识和风险意识,加之为了在任期内政绩显著,大搞短期行为,盲目地搞一些市场风险大的发展项目和超过承受能力的基本建设,强令信用社发放贷款,因而不可避免地存在"政府点菜、银行买单"的现象。

(3) 风险信息匮乏,信息口径不统一,造成风险管理信息系统的分割和孤立。一方面,贷前风险测量和贷后风险评估之间缺乏对应关系,另一方面,缺乏统一的信贷决策信息支持系统,宏观经济信息和行业信息匮乏,风险信息匮乏,信息口径的不统一,造成风险信息在信贷业务前、中、后台的传递渠道单一,信贷风险管理功能在各部门和各岗位间基本处于分离孤立状态,这在信息传递渠道上反映为前台信贷业务人员向中、后台管理人员信息传递方式和业务流程的单向、分离,在内部组织构成上反映为各业务部门平行设置的组织机构和风险管理部门的不完整。没有完整的数据信息系统,企业数据的失真导致农村信用社难以衡量信用风险的大小。从徐州市8家农信社试点贷款风险五级分类的情况看,普遍反映的是客户资料的搜集困难,这直接导致风险衡量的结果与信用风险的真实情况存在很大偏差。加之信贷档案的残缺不全和资料的失真,农村信用社识别和衡量信用风险就更加困难,使其难以有效地控制信用风险和进行科学准确的信贷决策,不能发挥预警作用。

(4) 贷款质量评估体系不健全,准确性不高。当前,一方面我国的贷款五级分类系统仍处于完善阶段,仍需要贷款四级评估结果作为技术支撑;另一方面,贷款五级分类的主观因素较多,在我国农村信用社内部激励机制不健全的情况下,难以达到对贷款风险进行准确分类的效果。从测量技术角度讲,贷款五级分类体系仍停留在对单笔贷款风险的评价上,没有解决对整体信贷风险的度量问题,对事前的贷款定价没有任何技术意义,也降低了贷款事后评估信息对事前贷款决策的支持。

6.3 基于行为金融学的农户金融信贷行为假设

有关投资者认知偏差的理论综述认为:投资者在投资判断和决策过程中都可能产生的认知偏差。解读国外现有的行为金融理论,根据投资者认知偏差的发生来源,兼其可比性和典型性,本书把投资者在判断和决策过程中产生的各种认知偏差划分为启发式简化、自我欺骗、情绪和自我控制、社会的交互作用等四大种。不过,源于投资者心理复杂性和行为非线性特征,这四种认知偏差具有一定的重叠性和干扰性。

农民认识上的偏差,使农户小额信用贷款的道德风险更为突出。目前在农村,还有一些农民认为,农户小额信用贷款既是"支农"的,又是"扶贫"的,是国家无偿提供给农民发展生产,还不还都无所谓。有的贷到钱后,不是用于发展生产,而是挪作他用。有偿还能力的也不主动还款。按照行为金融理论的观点,金融资产投资者会基于各种认知偏差而产生有限理性或者非理性行为。

基于上述调查背景及文献研究的结果,本书有以下假设:

H1:农户的认知偏差对农户信贷困境具有正相关影响。

我国的小额信贷经过多年的发展,出现了资助机构试点项目、政府部门推行扶贫行动和正规金融机构的农村金融服务三种组织类型。通过不同的实践,对推动小额信贷、扶贫和农村金融服务发挥积极的作用。但是农村信用环境并不理想,部分农户信用观念淡薄,重视贷款不重视归还,加上村班子不够稳定,更换频繁,小额农贷得不到当地村委会有力支持。从目前各信用社已发放的小额农贷中已有部分逾期贷款,使小额农贷资金形成风险。

很多农户拿到贷款后都不努力发展生产,从而影响偿还能力,形成风险。农村小额信贷的道德性努力风险要源于贷款农户的有限理性,农户拿到贷款后,生活状况变好,闲暇时间的效用增大,用于寻找、决策生产适应市场需求的农产品的精力和用于生产的实际时间减少,致富能力下降,最后出现道德性违约,即农户任意改变贷款用途的行为。不同于担保贷款,相对而言,小额信用贷款对借款人的约束力较小,当风险偏好的农户拿到贷款后,在追求更高利润的驱动下,借款人有积极性倾向于改变申请信用贷款的本来用途,而由此产生的额外风险则由信用社来承担。

基于上述文献研究的结果,本书有以下假设:

H2:农户对于贷款使用的行为偏差对农户信贷困境具有正相关关系。

政府的金融管制和风险收益的严重不对称导致农村金融信贷受到抑制,农村金融机构缺乏农户信贷的动力,进一步加剧了农户的信贷困境。正规金融机构,尤其是大型综合性的商业银行,他们常常缺乏向小客户提供金融服务的意愿,这阻碍了正规金融机构进入小额信贷领域。同时,成本效益也是金融机构关注的主要问题,如何降低处理大量小额度交易的成本、增加人员工作效率和快速地扩大小额信贷的规模以实现规模经济是机构必须解决的问题。在农户经济发展过程中,银行与农户的关系是一种典型的"马太效应"关系,农户经济越好银行越支持,否则越不支持,从某种意义上讲,金融信贷的不对称格局对农村经济发展的不平衡性起到一种推波助澜的作用。为了了解我国农村正式金融机构向农户提供信贷服务时的配给行为,通过对农村家庭进行抽样调查数据的实证研究,采用联立离散选择模型,描述了农户贷款需求和银行贷款供给的相互作用。实证分析的结果表明,我国农户面临着严重的信贷约束,他们从正式金融机构融资非常困难,政府的干预和信息不对称造成我国农村金融市场信贷配给缺乏。一方面,政府的利率控制减弱了金融机构向农户提供贷款的动力;另一方面,农户在贷款的过程中的"信号缺失"加剧了正式金融机构与农户之间的信息不对称问题,这使得大量具备有效贷款需求的农户也被排除在正式金融服务之外,进一步加剧了农村信贷配给的短缺。

我国农村小额信贷存在以下问题:对贫困户特别是边远山区的贫困户而言,贷款成本较高,包括贷款利息、为贷到款所需要花费的时间、手续及其它;虽然不少项目都有小组联保的要求,但不少参与的农户实际上并没有接受联保的概念,并不认为相互之间有共同还款的责任;目前我国小额信贷试点提供的金融产品比较单一,一般是分50周归还的贷款,难以适应贫困户对借款期限、还款方式等方面多种多样的需求;机构缺乏持续性,大多数项目都是由临时性的办公室主持,人员都是抽调来的或临时招聘的;在财务持续性方面,大多数项目仍于第一或第二阶段,资金靠外部供应,利息收入不足以补偿操作成本;目前项目主要是由一批关心、热爱扶贫事业,在贫困地区有工作经验的人员实施的,但对项目工作人员在金融、会计方面的培训仍然不够。

农村实际贷款额度与农户资金需求存在差距。《农村信用合作社农户小额信用贷款管理指导意见》明确规定,贷款额度由信用社县(市)联社根据当地实际情况确定。而目前部分农村信用联社对小额贷款的额度掌握上过于谨慎,与农户资金的需求和使用有一定的矛盾。支农再贷款是农户小额信用贷款制度的主要支持资金,农村信用社自营资金的投放量严重不足。原因在于,一是部分信用社曲解了政策意图,将农户小额信用贷款制度与国家扶贫性政策措施混为一谈,对农户小额信用贷款投放不积极、不主动;二是在风险防范的方式上,农村信用社足额抵押担保的传统风险防范模式尚未打破,影响了农户小额信用贷款的投放量和覆盖面。

基于上述文献研究的结果,本书有以下假设:

H3:金融机构的外部性约束对农户信贷困境具有正相关关系。

由于农户对于贷款的认知偏差和行为偏差比较严重,造成了农村信用环境远不及城市。乡镇企业和农民的信用观念比较淡薄,在一定程度上影响了农业银行和农信社投放资金的积极性。在经济体制转轨的前期,一部分乡镇企业和农村个体工商户从农业银行和信用社,贷款后赖债不还,造成了农村金融机构贷款的大量死滞沉淀,使得目前农村金融机构对新增贷款审批严格,造成其基层机构信贷授信额度小,资金上存较多,形成农村信贷资金的瓶颈,加之农户贷款抵押、担保难,信用社对额度较大的贷款都需要借款人提供有效的抵押、保证担保,而小额农贷的抵押物多为房产、车辆,但当贷款出现风险时,抵押物变现难,抵押手续收费偏高,农民不愿缴纳这笔费用,造成抵押手续不规范,形成无效抵押。上述情况无疑迫使农村金融机构加大了对农户信贷的外部性约束,以保证贷款的安全。

此外,由于农民在社会各阶层中历来是处于弱势,其主观意识中根深蒂固的自我歧视使其一般不与政府以及政府职能部门和机构打交道。农民如果经济遇到困难主要借贷渠道还是亲戚和朋友,只有在农村社会的圈层结构中家族不能解决的情况下,才会过渡到向社会寻求帮助。近年来,农民收入的不断增长,农村民间借贷现象的活跃,也为农民这种传统观念的长期存在提供了物质基础和生存环境。

因此,信贷供给垄断而强化的道德风险和与收益不对称的产业风险制约了农信社向农户发放贷款,农户的认知偏差和行为偏差无形中增强了外部性约束的"信号传递"机理,造成农村金融机构贷款的"逆向选择"似乎合理,外部性约束的效应也就日渐显现。农户的认知偏差和行为偏差的程度越大,则导致金融机构对农户的外部性约束就越大,反之亦然。

基于上述文献研究的结果,本书有以下假设:

H4:农户的认知偏差对金融机构的外部性约束具有正相关关系。

H5:农户的行为偏差对金融机构的外部性约束也具有正相关关系。

6.4 调查问卷的设计和样本确定

6.4.1 问卷设计

本书研究的内容很多要涉及到农户的认知态度、偏差及对农村金融机构服务感受的问题,而且要考虑哪些因素影响农户贷款,且很多金融机构的内部数据涉及商业机密,获取不易。因此这些问题用问卷调查法进行,采集的数据也方便、直接、可靠。本书将以江苏13个市比较贫困农村的农户的调查来反映我国所有农户的相关情况。

问卷一共分为五个部分,依次是基本情况、未贷款情况、贷款情况、业务往来、信贷投资的行为;五个方面较全面地考虑到本书要考查的因素,并且对农户是否贷款的情况可作一定的比较。问卷除第一部以外,分均采用五点量表式回答,从非常不满意到非常满意。

6.4.2 样本确定

本次调查主要对象是江苏13个市比较贫困农村的农户,调查模式采用调查员入户调查的形式。调查员均为在校本科生,且多是家在贫困农村的学生。

调查员利用2008年暑假返乡的机会进行了入户访谈式的调查[①]。调查时间从2008年7月13日到2008年8月30日,由于调查员本身来自于农村,对农户的实际情况比较了解,因此一定程度上保证了问卷的真实性与可靠性。

---

① 调查员利用2008年暑假返乡的机会进行了入户访谈式调查,参与调查的学生有南京工业大学的潘志颖、钟平、王晓明、蒋晓玉、邢金海、夏逸、吉沐健、靖晶、唐洁九位同学,他们在一个多月的时间进行了深入细致的农户调查,本书深表谢意。

调查问卷共发出1 000份,收到978份,剔除非有效问卷59份,实际可用问卷919份,问卷有效回收率为91.9%。

6.5 农户信贷行为调查数据描述性分析

本书主要调查了江苏常州、淮安、南京、南通、苏州、无锡、盐城、扬州、徐州、连云港、宿迁、泰州和镇江13个市比较贫困的农户,调查样本基本分布情况见图6-3。

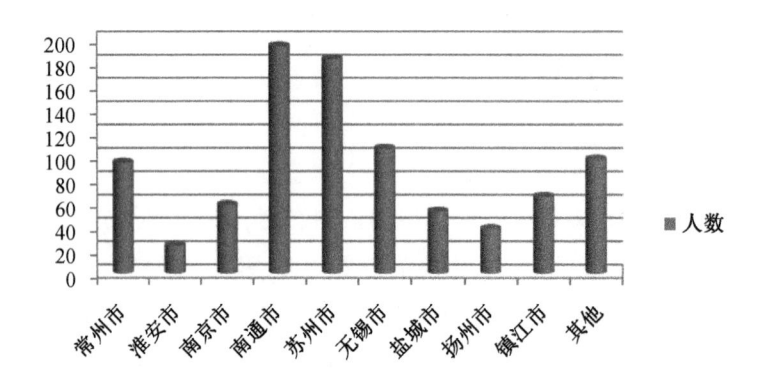

图6-3 调查样本基本分布(单位:人)

目前,由于农村中有劳动能力的农户年龄范围主要是在20～45岁之间,调查问卷采集的样本数据年龄区间主要设在19～45岁,与农村劳动力的实际年龄分布大体接近。并且与全国农村人口分布情况接近,见图6-4、图6-5。

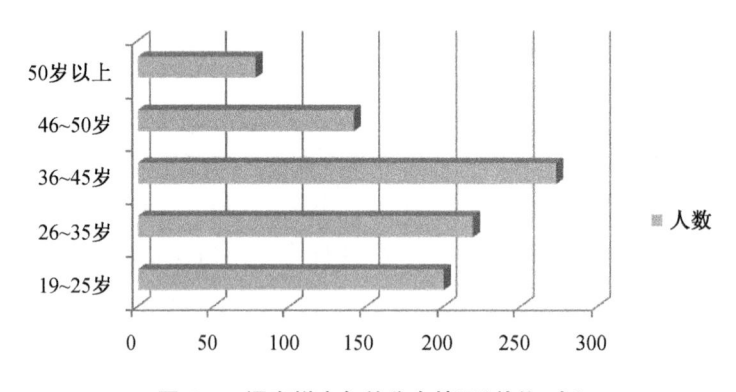

图6-4 调查样本年龄分布情况(单位:人)

本书不考虑性别差异对贷款的影响,因此调查中对男女进行的是随机性调查,调查结果显示,男女所占比例还算平均,具体结果如图6-6所示。

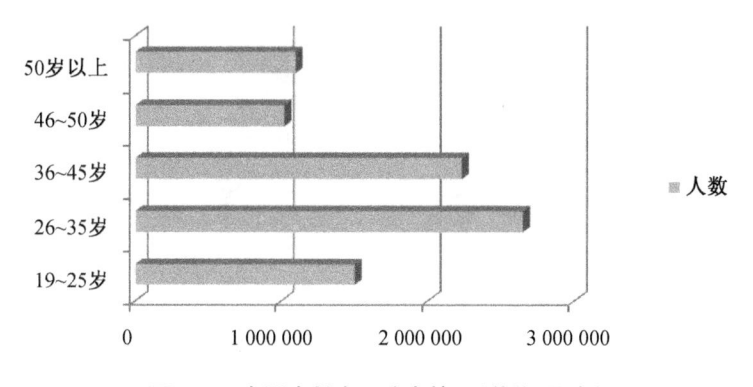

图 6-5 全国农村人口分布情况(单位:百人)

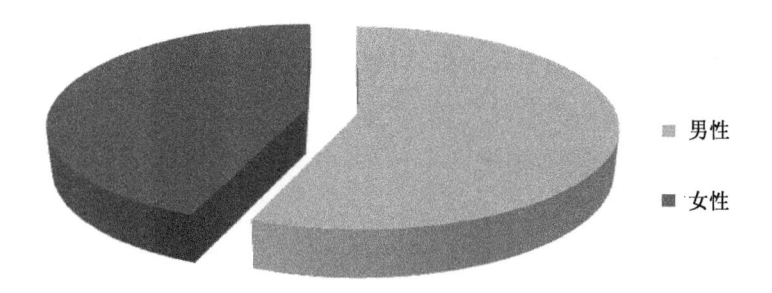

图 6-6 调查样本性别分布情况

本章调查的农户中共有 219 户获得过贷款,占所有农户的 24%,最多的贷款达到 10 万元/次,最低的为 0.3 万元/次。农户家庭月收入还是主要分布在 1 000~3 000元的区域,与全省的平均水平相接近,并且只有 7.4%的调查对象的家庭月收入在 1 000 元以下,见图 6-7、图 6-8。

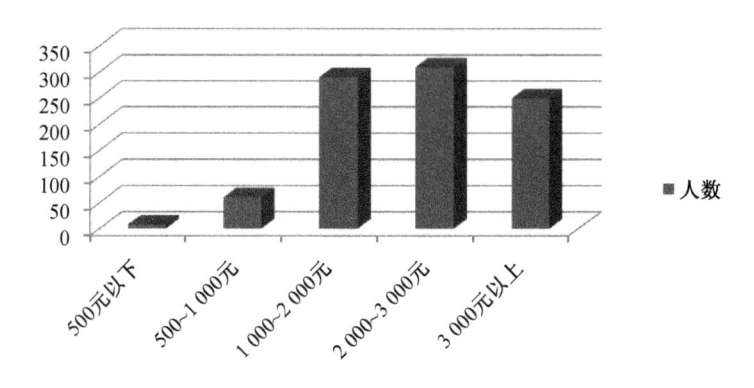

图 6-7 调查样本家庭月收入情况(单位:人)

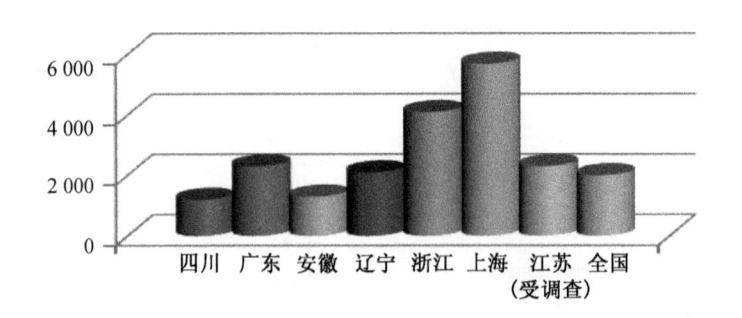

图 6-8　全国部分城市农村城市收入比较(单位:元)

总体而言,本书的样本数据接近全国的统计数据,其中样本中农户的平均家庭月收入与江苏省的平均水平接近,这说明样本中农户处于当地一般或者较贫困的生活水平。被调查的农户希望获得贷款的数额根据各地各户情况不同,贷款差额较大,如:被调查的淮安市农户最低只希望获得 0.1 万元,反映了农户之间存在一定的"贷款畏惧"小农意识,详见表 6-1。

表 6-1　样本农户希望获得的贷款金额(单位:万元)

省份	最高	最低	平均
常州市	10	0.5	5.02
淮安市	9	0.1	2.39
南京市	8	0.8	5.87
南通市	6	1	4.25
苏州市	10	1	6.29
无锡市	6	1	4.83
盐城市	10	0.3	3.03
扬州市	8	0.5	4.62
镇江市	9	1	4.17
其他	10	0.4	4.56

6.6　农户信贷行为调查数据的实证检验

6.6.1　非参数检验

1. 假设一:借款风险与贷款之间存在显著相关性

下面是结果,包括两部分:一个是秩次统计表,两组的平均秩分别是 355.06 和

456.59,秩和分别是 71 368 和 303 177(如表 6-2);另一个是检验统计表,给出了 Mann-Whiney U Test 检验的一些参数值,Mann-Whitney U 为 51 067,Wilcoxon W 为 71 368,Z 的统计量值为-5.534,渐近显著性水平双尾检验结果为 0.012<0.05(如表 6-3)。

表 6-2 Ranks

	是否贷款	N	Mean Rank	Sum of Ranks
借款风险大	1	201	355.06	71 368.00
	2	664	456.59	303 177.00
	Total	865		

表 6-3 Test Statistics(a)

	借款风险大
Mann-Whitney U	51 067.000
Wilcoxon W	71 368.000
Z	-5.534
Asymp. Sig. (2-tailed)	0.012

* a Grouping Variable:是否贷款,1 表示贷款,2 表示不贷款。

下面是 Moses Test 检验结果,包括两部分:一个是频率表,显示组 1 与组 2 的频数为 201 和 664(如表 6-4);另一个是检验统计表,给出了 Moses Test 的一些参数,组 1 的范围是 618,单尾检验结果为 0.000<0.05,平衡组 1 范围是 512,单尾检验结果为 0.000<0.05(如表 6-5)。

表 6-4 Frequencies

	是否贷款	N
贷款风险大	1 (Control)	201
	2 (Experimental)	664
	Total	865

表 6-5　Test Statistics(a,b)

		贷款风险大
Observed Control Group Span		618
	Sig. (1-tailed)	0.000
Trimmed Control Group Span		512
	Sig. (1-tailed)	0.000
Outliers Trimmed from each End		10

* a Moses Test, b Grouping Variable：是否贷款,1 表示贷款,2 表示不贷款。

下面是 Kolmogorov-Smirnov Test 检验结果。也包括两部分：一个是频率表，显示组 1 组 2 的频数分别是 201 和 664（如表 6-6）；另一个是检验结果统计表，给出的最大差分绝对值为 0.212，正的最大差分为 0.000，负的最大差分为 −0.212，Kolmogorov-Smirnov Z 的统计量值为 2.631，渐近显著性水平双尾检验结果为 0.000<0.05。

表 6-6　Frequencies

	是否贷款	N
贷款风险大	1	201
	2	664
	Total	865

表 6-7　Test Statistics(a)

		贷款风险大
Most Extreme Differences	Absolute	0.212
	Positive	0.000
	Negative	−0.212
Kolmogorov-Smirnov Z		2.631
Asymp. Sig. (2-tailed)		0.000

* a Grouping Variable：是否贷款,1 表示贷款,2 表示不贷款。

综上：三种检验方法，所得到的 P 值均小于 0.05，故可以认为两个组之间存在显著性差异。即在向银行贷款上，贷款风险对农民小额信贷存在显著性影响。可见,贷款风险影响农户是否贷款。

2. 假设二:审批过程对农户小额信贷存在显著性影响[①]

表 6-8　审批过程与农户小额信贷相关性检验

检验方法	Mann-Whiney Test	Moses Test		Kolmogorov-Smirnov Test
检验结果(显著性)	0.043	0.012	0.628	0.023

三种检验方法,所得到的 P 值绝大部分均小于0.05,故可以认为两个组之间存在显著性差异。即在向银行贷款上,审批过程对农民小额信贷存在显著性影响(如表6-8)。

3. 假设三:利率对农户小额信贷存在显著性影响

表 6-9　利率与农户小额信贷相关性检验

检验方法	Mann-Whiney Test	Moses Test		Kolmogorov-Smirnov Test
检验结果(显著性)	0.013	0.042	0.03	0.34

三种检验方法,所得到的 P 值均小于0.05,故可以认为两个组之间存在显著性差异。即在向银行贷款上,利率对农民小额信贷存在显著性影响(如表6-9)。

4. 假设四:用途限制对农户额信贷存在显著性影响

表 6-10　用途限制与农户小额信贷相关性检验

检验方法	Mann-Whiney Test	Moses Test		Kolmogorov-Smirnov Test
检验结果(显著性)	0.717	0.000	0.000	0.997

三种检验方法,所得到的 P 值大部分大于0.05,故可以认为两个组之间不存在显著性差异。即在向银行贷款上,用途限制对农民小额信贷不存在显著性影响(如表6-10)。

5. 假设五:家庭条件歧视对农户小额信贷存在显著性影响

表 6-11　家庭条件歧视与农户小额信贷相关性检验

检验方法	Mann-Whiney Test	Moses Test		Kolmogorov-Smirnov Test
检验结果(显著性)	0.280	0.012	0.044	0.993

三种检验方法,所得到的 P 值绝大部分均小于0.05,故可以认为两个组之间

[①] 注:因分析方法一致,故从假设二开始采取简化论述方法,以原始数据为依据对表格进行重设计。

存在显著性差异。即在向银行贷款上,家庭条件歧视对农民小额信贷存在显著性影响(如表6-11)。

6. 假设六:用于增添家用对农户小额信贷存在显著性影响

表6-12　用于添增家用与小额信贷相关性检验

检验方法	Mann-Whiney Test	Moses Test	Kolmogorov-Smirnov Test
检验结果(显著性)	0.002	0.035	0.000	0.048

三种检验方法,所得到的 P 值均小于0.05,故可以认为两个组之间存在显著性差异。即在向银行贷款上,用于增添家用对农民小额信贷存在显著性影响(如表6-12)。

7. 假设七:贷款物尽其用对农户小额信贷存在显著性影响

表6-13　贷款物尽其用与农户小额信贷相关性检验

检验方法	Mann-Whiney Test	Moses Test	Kolmogorov-Smirnov Test
检验结果(显著性)	0.124	0.000	0.06	0.411

三种检验方法,所得到的 P 值大部分大于0.05,故可以认为两个组之间不存在显著性差异。即在向银行贷款上,贷款物尽其用对农民小额信贷不存在显著性影响(如表6-13)。

8. 假设八:金融机构数量对农户小额信贷存在显著性影响

表6-14　金融机构数量与农户小额信贷相关性检验

检验方法	Mann-Whiney Test	Moses Test	Kolmogorov-Smirnov Test
检验结果(显著性)	0.048	0.000	0.00	0.208

三种检验方法,所得到的 P 值大部分小于0.05,故可以认为两个组之间存在显著性差异。即在向银行贷款上,金融机构对农民小额信贷存在显著性影响(如表6-14)。

9. 假设九:服务对农户小额信贷存在显著性影响

表6-15　服务与农户小额信贷相关性检验

检验方法	Mann-whiney Test	Moses Test	Kolmogorov-Smirnov Test
检验结果(显著性)	0.080	0.021	0.00	0.656

三种检验方法,所得到的 P 值大多数小于 0.05,故可以认为两个组之间存在显著性差异。即在向银行贷款上,服务对农民小额信贷存在显著性影响(如表 6-15)。

从以上检验可见,利率、审批过程、金融机构、服务、家庭条件歧视、贷款风险、用于增添家用都是影响农户信贷的重要因素。

6.6.2 结构方程模型构建和结果分析

1. 结构方程模型设定[①]

本章中的数据大部分是基于农户问卷调查,要测量的是影响农户贷款困境的各种潜在变量之间的结构关系,与其他统计方法相比,线性结构方程模型更适用于本书的研究内容。结构方程模型是一种非常通用的综合性统计分析技术和模型方法,主要是利用联立方程求解进行研究,它能同时处理多个因变量,容许自变量和因变量含测量误差并且容许更大的弹性的测量模型,可以同时估计因子结构与因子关系并比较和评价不同的理论模型,从而估计整个模型拟合的程度。

计量经济学中的联立方程模型虽然也使用联立方程组,但类似于多元回归,所以只能处理有观察值的变量,并且还要假设其观察值不存在测量上的误差。然而,还有许多变量如偏差、感觉等并不能直接测量。即使能够找到一些可观察的变量用来作为这些潜在变量的"标识",但是这些潜在变量的观察标识总是包含了大量的测量误差。传统上的因子分析不但允许对潜在变量设立多元标识,而且还可以处理测量误差,但是,它不能分析因子之间的相互关系。只有结构方程模型既可以处理测量误差,又能够分析潜在的变量之间的结构关系。因此,对本书所要研究的问题而言,结构方程模型无疑是非常合适的技术研究手段[27,28]。

基于前面关于行为金融及其对于农户金融的应用研究综述中的五个影响农户贷款困境的因素提出五点假设。H1:农户的认知偏差对农户信贷困境具有正相关影响。H2:农户对于贷款使用的行为偏差对农户信贷困境具有正相关关系。H3:金融机构的外部性约束对农户信贷困境具有正相关关系。H4:农户的认知偏差对

[①] 此模型设定参考王冀宁老师 2007 年 12 月中国经济学会上《认知偏差、行为偏差、外部性约束与农户贷款困境》一文中的模型和相关 SEM 结构方程模型的构建原理,本书在此一并表示谢意。

金融机构的外部性约束具有正相关关系。H5：农户的行为偏差对金融机构的外部性约束也具有正相关关系。根据这五点假设集合结构方程的原理，将认知偏差与行为偏差设为外源潜变量，将外部性约束与贷款困境设为内生潜变量，建立理论模型，详见图 6-9。

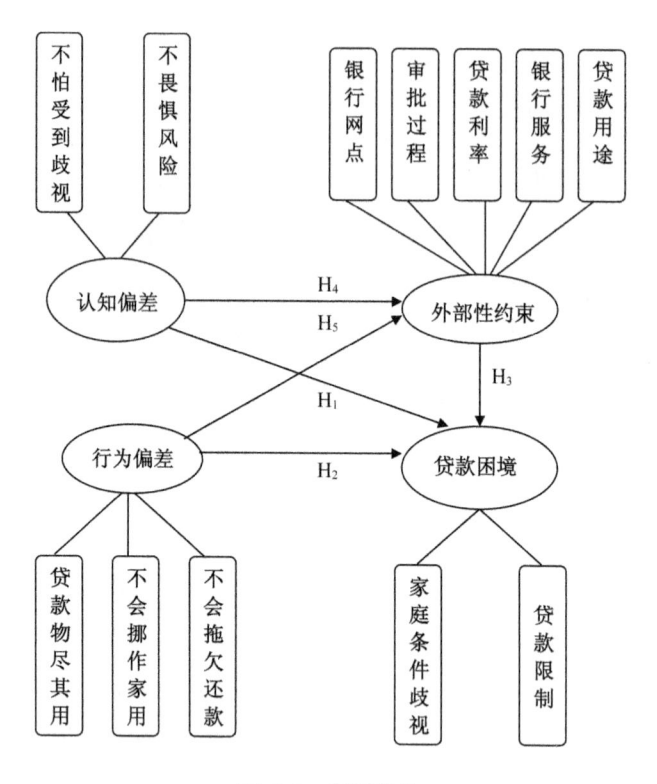

图 6-9　模型结构

一般结构方程模型是由三个矩阵方程式所代表，这三个基本方程式分别为：

$$\eta = B\eta + \Gamma\xi + \zeta \tag{6-1}$$

$$y = \Lambda_y \eta + \varepsilon \tag{6-2}$$

$$x = \Lambda_x \xi + \delta \tag{6-3}$$

对模型参数作如下规定：

$$\eta = (\eta_i)_{i \times 1}$$

$$\xi_i = (\xi_i)_{i \times 1}$$

$$\Lambda_y = (\lambda_{yij})_{i\times j}$$

$$\Lambda_x = (\lambda_{xij})_{i\times j}$$

$$B = (\beta_{ij})_{i\times j}$$

$$\Gamma = (\gamma_{ij})_{i\times j}$$

其中，η_i 为内生潜变量，本书中设 η_1 为外部性约束、η_2 为贷款困境；ξ_1 为外源潜变量，表示认知偏差；ξ_2 为外源潜变量，表示行为偏差；ζ 为结构方程的误差项；y 为决定 η_i 的观测变量矩阵；x 为决定 ξ 的观测变量矩阵；λ_{yij} 为内生潜在变量 η_j 对观测变量 y 中第 i 个因素的权系数，是载荷参数；λ_{xij} 为外生潜在变量 ξ_j 对观测变量 x 中第 i 个因素的权系数，是载荷参数；β_{ij} 为 η_j 对 η_i 的权系数，是路径参数；γ_{ij} 为 ξ_j 对 η_i 的权系数，是路径参数。方程(6-1)是结构模型，其中 η 为内生潜变量，ξ 为外源潜变量，η 通过 B 与 Γ 系数矩阵，以及误差向量 ζ 把内生与外源潜变量联系起来。其中，Γ 代表 ξ 对 η 的影响，B 代表不同内生潜变量 η 之间的相互影响。方程(6-2)与(6-3)是测量模型，表示潜变量和观测变量之间的关系。通过该测量模型，可以用观测变量来定义潜变量。观测变量 y 与 x 按两套线性方程和相应的潜在变量 η 与 ξ 相连接，并有相应的系数 λ_y 与 λ_x，以及测量误差项 ε 与 δ。矩阵 Λ_y 与 Λ_x 中包含了 y 与 x 对 η 与 ξ 的回归权数。ε 与 δ 是与观测变量相关的测量误差。这里，基本的假定为 ε 与 δ 的均值都是零，并且它们与内生潜在变量 η、外生潜在变量 ξ、结构方程的误差项 ζ 之间不相关，但不一定要求它们自己之间也不相关。在本书中，主要的等价方程有：

$$\eta_1 = \gamma_{11}\xi_1 + \gamma_{12}\xi_2 + \zeta_1 \tag{6-4}$$

$$\eta_2 = \beta_{21}\eta_1 + \gamma_{21}\xi_1 + \gamma_{22}\xi_2 + \zeta_2 \tag{6-5}$$

2. 测量工具和变量设计

问卷采用的是 Likert 5 点量表形式，从非常不同意到非常同意。问卷题目、有关变量类型以及相关符号表示见表 6-16。

(1) 外部性约束变量的衡量。

本书采用 WBXYS1、WBXYS2、WBXYS3、WBXYS4 与 WBXYS5 表示，通过汇总各农户所感受到的金融机构为其所提供的产品与服务态度的优劣，从而形成对于金融机构对农户贷款外部性约束的衡量。

表 6-16　量表设计及符号表示

变量	变量类型及符号表示	问卷题目(指标)	符号表示
外部性约束	内生潜变量,η_1	1. 银行对农户贷款的网点很多	WBXYS1
		2. 银行提供贷款的审批过程严谨	WBXYS2
		3. 银行对农户的贷款利率很低	WBXYS3
		4. 银行对申请贷款的农户提供的服务非常好	WBXYS4
		5. 银行提供贷款是依据农户的贷款用途	WBXYS5
贷款困境	内生潜变量,η_2	1. 银行提供贷款不存在家庭条件歧视	DKKJ1
		2. 银行对农户贷款的限制很少	DKKJ2
认知偏差	外源潜变量,ξ_1	1. 农户对申请贷款不怕受到歧视	RZPC1
		2. 农户不畏惧贷款可能出现的风险	RZPC2
行为偏差	外源潜变量,ξ_2	1. 农户认为银行贷款必定能物尽其用	XWPC1
		2. 农户对于已获得的贷款的还款不会拖欠	XWPC2
		3. 农户对获得的贷款挪用家庭消费	XWPC3

(2) 贷款困境变量的衡量。

在本书中,采用 DKKJ1 到 DKKJ2 表示,通过汇总各农户对于"贷款获得的难易程度以及使用限制的多少"这 2 个问题的回答,从而形成对农户贷款困境的衡量。

(3) 认知偏差变量的衡量。

在本书中,采用 RZPC1,RZPC2 表示,通过用汇总农户对于贷款的 2 个主观畏难、怕受到歧视的问题的回答,形成对农户贷款认知偏差的衡量。

(4) 行为偏差变量的衡量。

本书中,采用 XWPC1、XWPC2、XWPC3 表示,通过汇总农户对于使用贷款,是否物尽其用的挪用与拖欠问题的回答,形成对农户贷款行为偏差的衡量。

3. 实证结果与分析

(1) 样本的描述性统计。

表 6-17 中提供了有关样本的描述性的统计量。其中表 6-17 提供了指标(或问题)的均值、标准差与相关系数;表中反映出 4 个变量的问题回答的均值都比较低,总体上揭示农户认为金融机构对于贷款的外部性约束很强、贷款很难、农户自身确实存在认知偏差与行为偏差等问题。具体见表 6-17。

表 6-17　样本指标的均值、标准差和相关系数的描述性统计

变量	指标	均值	标准差	WBXYS1	WBXYS2	WBXYS3	WBXYS4	WBXYS5	DKKJ1	DKKJ2	RZPC1	RZPC2	XWPC1	XWPC2	XWPC3
外部性约束	WBXYS1	3.14	0.564	1											
	WBXYS2	3.64	0.787	−0.032	1										
	WBXYS3	2.94	1.114	0.095	−0.022	1									
	WBXYS4	3.23	0.875	0.003	0.131	0.077	1								
	WBXYS5	3.26	0.874	0.096	0.124	−0.001	0.155	1							
贷款困境	DKKJ1	2.86	0.893	−0.085	0.046	−0.037	0.186	0.109	1						
	DKKJ2	2.49	0.775	0.098	0.369	0.023	0.131	0.142	0.143	1					
认知偏差	RZPC1	3.73	0.847	0.082	−0.022	0.251	0.034	0.057	0.189	0.171	1				
	RZPC2	2.64	0.929	0.227	0.151	0.231	0.079	0.137	0.159	0.139	0.200	1			
行为偏差	XWPC1	3.19	0.881	0.099	0.069	−0.021	−0.026	0.109	0.069	0.086	−0.081	0.182	1		
	XWPC2	4.07	0.549	0.021	−0.065	0.075	0.023	0.091	0.009	−0.025	0.117	0.173	0.134	1	
	XWPC3	2.80	0.965	−0.015	−0.023	0.158	−0.059	−0.018	0.183	0.184	0.327	0.501	0.131	−0.076	1

注：所有的相关系数均在 1% 水平下显著。

(2) 检验结果与分析。

表 6-18 中提供了测量模型(验证性因子分析)的一些统计量,即为指标和因子之间的完全标准化的因子负载与误差方差。因子负载指标对因子的回归权数,通常是越大越好。如果因子负载太低,则说明这一指标不属于该因子。除了表 6-17 中所提供的数据外,测量模型的 χ^2 为 377,自由度为 48,$P<0.001$,RMSEA 为 0.079 4,NFI 拟合指数为 0.67,NNFI 拟合指数为 0.58,CFI 拟合指数为 0.70,这些指标均表明该模型拟合地较好。表 6-19 中显示了结构方程的主要统计量。

表 6-18 测量模型结果

指标	所属因子	因子负载	测量误差的方差	指标	所属因子	因子负载	测量误差的方差
WBXYS1	外部性约束	0.941 56	0.046 94	RZPC1	认知偏差	0.879 28	0.045 44
WBXYS2		0.862 79	0.048 35	RZPC2		0.668 65	0.053 03
WBXYS3		0.983 22	0.047 94	XWPC1	行为偏差	1.001 70	0.048 87
WBXYS4		0.956 49	0.047 16	XWPC2		1.029 01	0.052 06
WBXYS5		0.953 25	0.047 10	XWPC3		1.440 90	0.221 17
DKKJ1	贷款困境	0.943 97	0.047 99				
DKKJ2		0.635 02	0.095 30				

表 6-19 本书结构方程模型主要统计量

	卡方	自由度	NFI	NNFI	CFI	RMSEA
模型指标	377	48	0.67	0.58	0.70	0.079 4

表 6-20 给出当因变量分别为外部性约束 η_1 和贷款困境 η_2 时,模型的 2 个等价方程的路径参数和 t 估计值。

表 6-20 因变量分别为外部性约束 η_1 和贷款困境 η_2 时的路径参数和 t 估计值

潜变量 因变量	认知偏差 ξ_1 路径系数	t 值	行为偏差 ξ_2 路径系数	t 值	外部性约束 η_1 路径系数	t 值
外部性约束 η_1	0.219 22	2.306 12	0.668 22	4.913 07		
贷款困境 η_2	0.048 48	0.357 49	−0.554 3	−2.136 3	1.075 58	2.522 50

从以上所得路径系数估计表可知,模型的路径参数总体而言均比较理想,通过

显著性检验,遗憾的是认知偏差,行为偏差,外部性约束对贷款困境 t 值偏低,不具有显著性特征。但是模型的总体拟合度较好,能够反映检验的问题。

最终经过检验得到的模型结构参数,详见图6-10。

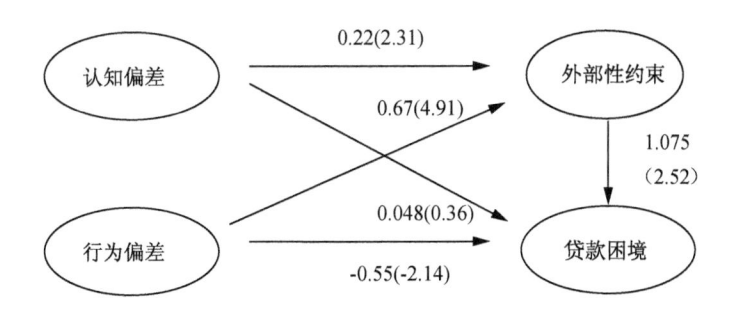

图 6-10　模型结构的参数图

根据上述所提供的模型参数,本书得到如下的结构方程:

$$外部性约束 = 0.22 \times 认知偏差 + 0.67 \times 行为偏差 + \zeta_1 \tag{6-6}$$

$$贷款困境 = 0.048 \times 认知偏差 - 0.55 \times 行为偏差 + 1.07 \times 外部性约束 + \zeta_2 \tag{6-7}$$

(3) 检验结果的政策含义。

由公式(6-6)中可见,认知偏差与行为偏差对金融机构的外部性约束有着正向影响,也就是说认知偏差的程度越大,则引发的外部性约束越大,行为偏差的程度越强,则引发的外部性约束则越大,其中认知偏差的标准化系数是0.22,行为偏差的标准化系数是0.67,实证揭示:行为偏差对外部性约束的影响作用更大。本书的调查结果显示农村金融机构往往根据农户贷款是用于生产还是用于生活而决定是否放贷,农户的生活性贷款较生产性贷款更难得到支持。然而,当农户的生活性资金遇到困难时(比如婚丧嫁娶和生病),他们会动用生产性资金来予以弥补。这种对于贷款使用的行为偏差进一步加大了农村金融机构对农户贷款的约束,使得金融机构离合作金融越来越远,农民贷款愈来愈不方便,信用社对农民的贷款已完全按商业化原则运作,农户的贷款困境更加凸显。要提高金融机构对农户贷款的扶持力度,一方面要靠政府政策的支持,另一方面从农户自身的角度而言,要克服某些不良的行为习惯,及时还贷,减少对贷款的不合理挪用,这将有助于改善金融机构对农民的传统偏见,真正建立起良好的农村信用环境,大大地改善农户贷款难的格局。

由公式(6-7)可见,首先,外部性约束、认知偏差与行为偏差对农户贷款困境的影响程度是不相同的,其中,外部约束的标准化系数为1.07,在所有变量中的作用最大,这和本书前述的理论假设是吻合的,与目前已有文献中所反映的情况大体匹配,即均认为外部性约束是农户贷款困境的主因。首先,在我国农村与城市金融资源配置极不平衡,农村金融竞争不充分。农村与城市人均贷款相差近8倍,县及县以下农村地区平均每万人拥有的金融机构网点数只有1.26个,而城市则达到2个,30%以上的农村金融机构网点集中分布在县城,每个乡镇的银行业网点平均不足3个,另外还有3 302个乡镇未设任何金融机构网点,只设有1家银行业金融机构网点的乡镇全国还有8 231个,全国县及县以下农村地区人均贷款额在5 500元左右,而城市人均贷款额近4万元,这反映出金融机构在农村的机构设立还不是很完善,直接导致了贷款困境的加深,因此政府需进一步加大对农村信贷的扶持,完善金融机构网点的设立。其次,行为偏差的标准化系数是−0.55,之所以出现负的相关性,主要是因为本次设计的调查问卷形式较为新颖,很多被调查农户之前从未做过类似问卷,这导致了被调查农户在选择选项时具有一定的随意性,这也是本次调查研究较为遗憾之处。再次,认知偏差的标准化系数为0.048,相对于前2个变量,其所起到的影响作用与公式(6-6)相比有所下降,但其影响作用也不容忽视。这主要是由于我国的生产力状况和我国的现实国情等多种原因决定的,特别是长期以来闭塞的小农经济下保留的那种耻于借贷的传统以及金融制度对资金借贷行为的较强约束,导致了农户自身的认知偏差和信息不对称,金融机构无法获得借款农户的更多信息,最终直接造成农民贷款难。

第七章 防范农户金融信贷风险的对策建议

"三农"问题的核心是增加农民收入,实现途径是培育和完善农村要素市场,推动农村劳动力转移,保持农业的稳定、持续发展。所有这些都依赖于农村金融的发展和支持。农户金融信贷问题是一项复杂的系统工程,全面细致地解决农户金融信贷发展过程中出现的问题,对农村经济的健康快速发展,具有重要的政治和经济意义。

从改革开放至今,我国把农户信贷风险问题从不受重视提升到高度重视的地位,其间政策出现过多次波折,政策缺位的主要原因还是执行不力、监督不够。因此,畅通执行管道,加大监督力度,才是解决农户信贷难、防范金融风险的应对之策。

7.1 完善针对农户的金融信贷体系的管理

7.1.1 针对农户的小额信贷网点的建设

针对农户的小额信贷网点的建设,要结合农户金融信贷行为的需要和农村经济发展状况进行建设,采取因地制宜的网点布局策略,可以在城镇新区、开发区、城乡结合部等经济活跃地区增设网点,增强辐射功能,拓展服务空间,这样可以满足经济比较发达地区农户的需要,也可以在一定程度上保证信贷质量,规避金融风险,在今后条件成熟的情况下,逐步将网点深入农村偏远地区,同时要巩固已有的乡镇网点,保持针对农户的小额信贷网点的建设的均衡发展。

7.1.2 积极发展农村民间非银行金融机构

农村既有的民间借贷互助会等组织在满足农户金融信贷需求方面起到了一定的作用,但是其地下金融的性质使得金融风险大大提高,因此,如何进行合理的疏

```
                            ┌─ 针对农户的小额信贷网点的建设
                            │
                            ├─ 积极发展农村民间非银行金融机构
                            │
                            ├─ 建立与农业生产周期相适应的农户信贷制度
                            │
完善对农户                   ├─ 建立完善农户信用档案制度
金融信贷体   ─────────────
系的管理                    ├─ 防范农村信贷资金的"非农化"倾向
                            │
                            ├─ 提高农村金融机构的服务水平
                            │
                            ├─ 建立政策性农户信贷保险制度
                            │
                            └─ 坚持农户信贷资金的规范化、制度化操作
```

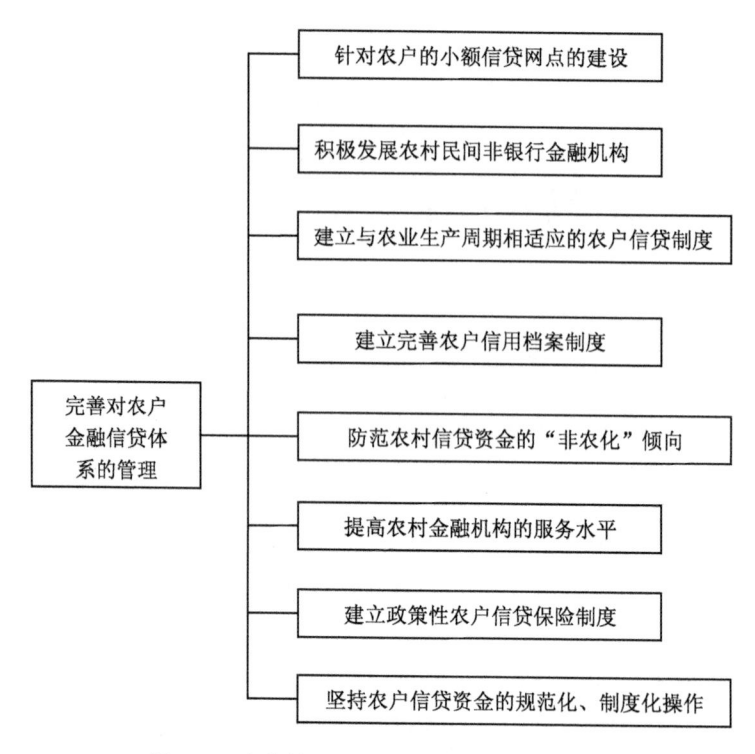

图 7-1　完善针对农户的金融信贷体系的管理

浚，使农村民间非银行金融机构的运行阳光化，值得各级政府研究试点。在符合金融监管的条件下，应积极发展民间互助基金会与发展非政府机构小额信贷。具体办法有：建立完善的规章制度与法规，使农村民间非银行金融机构的运行更加合理，并且受到法律的保护；政府可提供技术支持使农村民间非银行金融机构运行更顺畅，并培养、提供专业的金融人才，增强资金安全性管理；采取灵活的信贷政策，允许私人信贷投资具有比较高的回报率；专业人员在对农民提供小额信贷时，必须要有严格的审核过程，防范可能出现的金融风险（如图 7-1）。

7.1.3　建立与农业生产周期相适应的农户信贷制度

为了提高农户使用信贷资金的效率，防范信贷资金被挪作他用，金融机构应该加强管理和内控制度，结合农户生产周期，并针对农民的生产周期性贷款需求变化，定制合理的支农贷款办法和制度，适当提高农户小额信用贷款的额度，对不同的农业产业资金需求，采取不同的贷款最高限额，加大中长期贷款的比例，满足农民的大额贷款需求。

7.1.4 建立完善农户信用档案制度

从本书的研究可以发现,农户自身的认知和行为偏差也是农户信贷风险的重要成因之一,而农户由于受到知识水平的局限,难以认清规避自身的各种偏差,必须建立相应的信用档案制度,确保在农村建立良好的信用环境和信用工程,强化农村诚信教育。各类金融监管机构要加快推进农户信用信息基础数据库建设,扩大农户信用数据采集范围,坚决制止和打击不法农户恶意逃废银行(信用社)债务行为,对守信农户加大信贷支持,对失信农户予以信贷制裁,加大宣传力度,营造"守信光荣、失信可耻"的社会氛围,构建良好的农村信用环境。

7.1.5 防范农村信贷资金的"非农化"倾向

由于农户金融信贷资金的回报率低,各类金融机构的支农信贷往往寻求利益最大化目标,将农村信贷资金转向其他领域,导致农村金融机构信贷资金的"非农化"趋势严重。农信社等农村金融机构贷款流向的"非农化"是和农村和农业经济的低回报率直接联系在一起的,只要农村和农业经济的回报率一直处于较低状态,资金流向的"非农化"现象就不会消失。反过来,无法获得足够的资金支持也会进一步恶化农村和农业经济投资环境。

要从根本上改变农村金融机构的"非农化"偏好,必须双管齐下:一方面,继续深化针对农信社本身的改革,以使农信社成为真正意义上的合作金融,杜绝政府参股或干预管理决策;另一方面,政府必须放宽对农村经济、社会生活的干预,以释放农村和农业经济增长的潜力,从而恢复农村金融机构发放农业贷款的信心和动力。

7.1.6 提高农村金融机构的服务水平

从本书的研究可以发现:农户自身具有畏难的认知偏差,从而惧怕信贷过程中的繁杂手续,最终影响了农户贷款的申请及使用,应加快农村金融体制改革,提高金融服务水平。应完善农村信用社法人治理结构,转换经营机制和增强服务功能;完善各项内控制度,促进经营机制的转换;更新观念,提高创新意识,努力拓展业务新领域,从根本上增强农村各类金融机构的自我发展能力和服务"三农"的实力。

服务农户的各类金融机构都应当从农户的利益出发,加强对员工的培训力度,使员工可以耐心准确地为前来贷款的农村居民讲解信贷手续和条款,组织部分信贷人员专门负责帮助前来贷款的农民填表,完善一条龙的信贷服务体系,使复杂的农户信贷条款手续简化。

7.1.7 建立政策性农户信贷保险制度

农业是投入大、抗风险能力差的产业,受自然灾害等影响因素较大,信贷投入后形成的风险概率比较大,这也是金融机构惧怕农户贷款的主要原因之一。如果建立农户信贷风险补偿机制,可以将灾害风险、市场风险等造成的信贷资金损失减少到最低程度,使风险由银行承担转移为由保险机构承担。国际经验表明,农民只有靠政策性的农业保险才能有效抵御自然风险。我国和世界各国一样,如果没有政策性农业信贷保险,单凭农户自身无法抵御巨大的风险。

在WTO协议中的《农业协议》中,将对农业的补贴分为黄色补贴和绿色补贴,黄色补贴措施政府不允许采用,绿色补贴措施则可以采用,而政府针对农业的补贴(包括农业保险补贴)恰恰属于绿色补贴。因此,我国政府应充分利用这一协议,建立我国的政策性农业保险制度,即建立由政府提供补贴的农业信贷保险制度。

7.1.8 坚持农户信贷资金的规范化、制度化操作

为规避农户信贷资金的灰色操作,防范农户信贷资金的风险,各类农村金融机构应坚持原则、操作规范。农户小额信用贷款的发放以农户信用和还款能力为前提,以《贷款通则》《农村信用社小额信用贷款操作管理实施办法》为准则,贯彻"一次核定,余额控制,周转使用,随用随贷"的管理原则。应建立严格的农户贷款制度,明确信贷人员职责和工作程序,在详细掌握农户的基本情况下,准确把握贷款额度,对额度较大的要经过详细调查和集体讨论,记录备案;建立公开制度,对农户小额信用贷款操作方法应在公开透明的基础上进行,防止小额农贷过程中漏洞的产生;操作程序严谨科学,使农村信贷管理方式程序化、规范化、制度化,减少和防止信贷随意性、随机性和技术风险。

7.2 规避农户金融信贷中的偏差、防范信贷风险

7.2.1 提高农户对于信贷心理行为风险的认知度

本书的研究发现:农户在金融信贷过程中存在种种认知和行为偏差,但是由于

农户自身的知识水平的局限性,农户往往难以认识到自身的缺陷,这也导致金融机构加强了对于农户信贷的外部性约束,加大了农户贷款的困难,也加大了农户信贷的风险。因此,应加强对农民的宣传力度,用心理学、金融学等相关知识和案例,让农民更深,更清晰地了解自身的心理行为偏差,从而可以在一定程度提高农户对于信贷心理行为风险的认知度。

7.2.2 高度重视农户自身存在的认知偏差和行为偏差

本书的研究已经证明了农户自身存在的认知偏差与行为偏差在很大程度上导致了正规金融机构对农户贷款的外部性约束逐渐加大,而认知偏差、行为偏差与外部性约束则最终导致了农户的贷款困境。从建设社会主义新农村的要求来看,培育一批具有高素质、高文化、理性务实的新农民是当务之急。农村的各级管理者与社会各界应高度重视农户自身存在的认知偏差与行为偏差,尤其是在其心理和行为上所残留的根深蒂固的落后烙印。另外,除了进行农村文化和科学技术的普及教育外,还应进行心理学、行为学和文明礼仪等各方面的普及教育,让农户切身认识到自身存在的心理与行为的弱点可能对其贷款造成的困难,这也是社会主义新农村精神文明建设的一个重要组成部分。

7.2.3 金融机构应理解农户的认知和行为偏差并适度扶持农户

农户的认知偏差与行为偏差由来已久,要彻底解决这一难题非一朝一夕之功。正规金融机构应该摒弃对农户的歧视态度,理解并宽容对待他们存在的种种偏差,探究造成农户认知偏差与行为偏差的成因,一方面要防范农户贷款风险,另一方面要对农户的合理贷款给予适度的扶持,并应用行为金融学与行为经济学的一些方法手段帮助贷款农户解决问题,从而化解可能出现的农户贷款风险。

7.2.4 监管机构应提供激励政策解决农户贷款难问题

农村金融必须要有政府的政策支持、引导与推动,适时发挥政策性金融支农的作用。要求正规金融机构以"看得见的手"的形式介入,形成风险提供补偿的第三方主体。国家一直高度重视农村的金融与农村的信用社问题。自 1996 年农信社和中国农业银行脱离行政隶属关系后,经过近 8 年时间的充分调研与论证,我国于 2003 年正式启动了农信社的改革试点,提出"深化农村信用社改革试点方案",并明确提出要按照"明晰产权关系,强化约束机制,增强服务功能,国家适当扶持,地方政府负责"的总体要求,促进农村正规金融机构的多元化与经营方式的调整,发展中小型正规金融机构,增加农户需求的有效性,加快农信社管理体制和产权制度的改革,并给予农村正规金融机构适当的激励政策,如在贷款的利率浮动、贷款投向与还贷续贷等环节上给予优惠,鼓励正规金融机构把目光重新聚焦到广大农户。

7.2.5 规范农户贷款的合理渠道、防范民间借贷风险

由于农户贷款比较困难,因此,传统的农户之间借贷现象非常普遍,资金来源主要为非正规渠道(主要是私人借贷)。农户民间资金借贷的行为非常不规范,容易导致金融风险与社会不稳定,如果不及时疏通农户贷款的合理渠道,久而久之势必会扭曲农村正规金融资源的配置作用,从而使非正规金融渠道的效用得到过度放大。因此,必须健全正规金融机构的主渠道作用,充分地发挥政府部门在农村金融发展中所占据的主导地位,不断提高农信社的金融服务水平与服务质量,在传统农区有组织地进行农村合作金融组织试点的建设,在金融产品的供给上,只有金融产品不断地推陈出新、丰富多样,才能使金融服务更加贴近农户的生产与生活的实际需求。

7.2.6 真正培育农户的科技竞争力和适应市场经济的能力

如果各级政府不真正结合各地农业生产的实际需要,帮助当地的农户开发出试销对路的产品,并且不断提高产品的竞争力,那么农户的自身造血机能就无法真正建立起来,解决农户贷款困境也就无从谈起,因此,培育出能够了解市场、把握市场,有科技武装头脑的农户才是解决农户贷款难的根本途径,这样就可以转换机制,变单纯的靠政府的扶持以及补贴等优惠为正规金融机构自觉主动服务于"三农",这样不仅农户能够受益于贷款扶持,而且正规金融机构也可以获得良好的经济回报,真正实现农村金融的多赢。

7.3 改革农村金融机构体制,完善法人治理

7.3.1 完善农村金融机构的法人治理

法人治理是用以处理不同利益相关者即股东、管理人员和职工之间关系,以实

现经济目标的一整套制度安排。实现良好的法人治理,切实转换经营机制,是农村信用社建立风险管理长效机制的制度基础。法人治理的核心是制衡,强调"决策权、经营权和监督权分开,分权分责,相互制衡",不但要建立以股东大会、董事会、监事会、高级管理层等机构为主体的组织框架,更要建立保证各机构独立运作、有效制衡以及实现科学高效决策的运行机制。

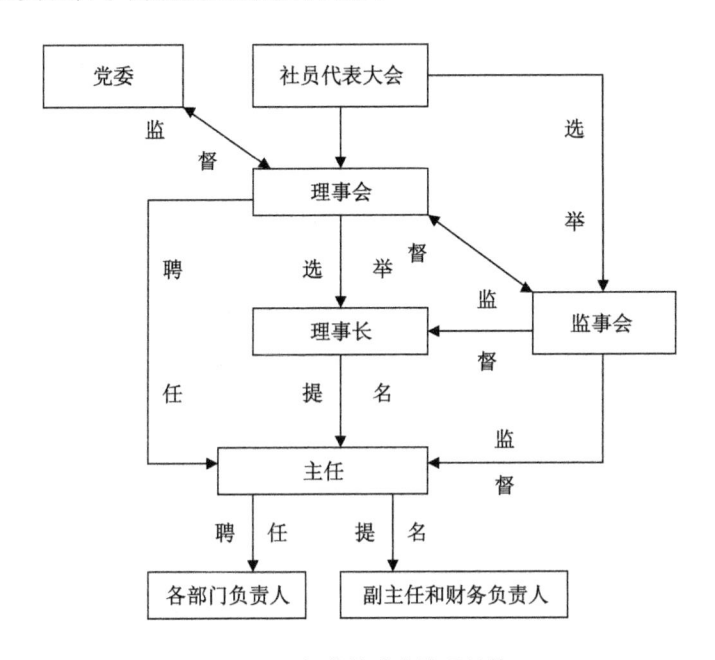

图 7-2 规范的法人治理结构

基于我国农村信用社法人治理的特殊性,要建立起一套科学合理的法人治理模式,就必须深刻把握以下几个前提:一是立足于我国的国情与当前农村金融机构的发展实际,切不能照搬照抄西方国家与商业银行的模式。二是要有合理的目标定位。法人治理的目标不应该仅仅关注于信用社利润的最大化,还应关注于信用社本身的安全与稳健,关注于利益相关者本身的利益,而不能仅仅局限于股东利益的获取。三是信用社治理机制的设计应偏重于内部。我国实行严格的分业经营,信用社、保险与证券相互之间持股也是不可行的。因此,我国信用社当前的治理模式应该以内部治理结构为主,然后逐步完善外部的治理结构。现阶段条件下,我国农村信用社应该完善"4+1"模式,即由社员代表大会、理事会、监事会与管理层组成法人治理主体机构,由党委对其,主要是对理事会进行监督(见图 7-2)。

7.3.2 完善农村金融机构的治理机制

1. 规范用人机制

要系统规范农村信用社理事、监事、理事长、监事长和经营管理人员的选举、聘任制度。要引进具备较强银行管理专业知识和经营能力的高层次管理人员,使其作为独立董事进入董事会,并在各专业委员会中发挥作用,提高董事会决策的专业水平和能力。同时要注意增加职工董事与职工监事的比例。

2. 强化监督机制

合理有效的监督制衡是高效治理的关键,要实行所有利益相关者共同治理原则。信用社可以借鉴美国推行的利益相关者治理的模式,推行职工持股计划与分享计划,吸收专家、职工与重点客户进入理事会,同时也可以借鉴德国模式,进一步发挥监事会的监督制衡作用。此外,要重视信息的批露机制,公开、透明的信息批露有助于利益相关者了解信用社的经营状况,使其能够有效地参与信用社的经营与管理,并发挥一定的监督作用,监管当局要借助外部的审计力量,加强对信用社信息公布真实性的监督。

3. 建立激励机制

有效的激励机制是高效治理的保障,在激励机制上,可以借鉴股票期权模式,充分考虑人力资本的价值。通过借鉴美国的股票期权激励机制,给予高管人员与一般人员一定数量的股权,将其收入和信用社的经营利润挂钩。通过建立明确的业绩考核与评价体系,对决策机构、管理人员与员工的贡献进行量化。建立农信社科学的激励机制,应使经营管理人员的报酬与其努力程度挂钩。

7.3.3 健全风险管理组织架构

信用风险管理组织架构是对信用风险进行管理的组织保证,信用社要按照审贷分离和内控原则,建立风险调查、风险审查、风险审批、风险检查和风险处置相对独立的、明晰的风险管理组织架构(如图7-3)。

风险监测组织构架形式,纵向:进行纵向制约;横向:风险资产管理部门-信贷管理部门-基层信用社三方并行监测,横向制约。监测管理内容分为三个方面:一是正常风险管理,即对常规程序下正常贷款的风险管理,主要监测并识别各环节潜在风险;二是补救性风险管理,对在资产组合管理中遇到的问题进行矫正,主要是

第七章
防范农户金融信贷风险的对策建议

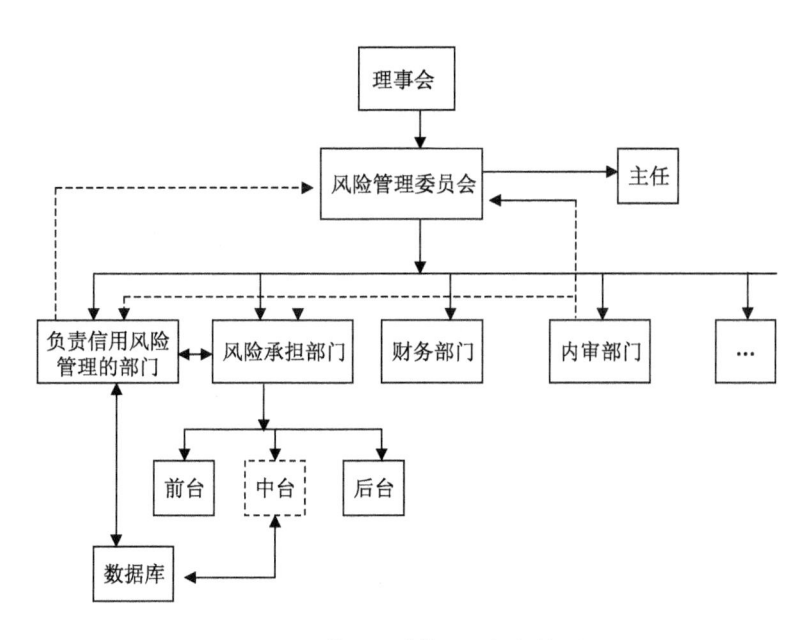

图 7-3　信用风险管理组织架构图

对有问题贷款预警信号的识别和有问题贷款的处理；三是组织与人员管理，建立健全监测组织体系，确保监测人员数量及质量。

信用社对信用风险管理体系的内部审计应当至少包括以下内容：信用风险头寸和风险水平；信用风险管理体系文档的完备性；信用风险管理的组织结构，信用风险管理职能的独立性，信用风险管理人员的充足性、专业性和履职情况；信用风险管理所涵盖的风险类别及其范围；信用风险管理信息系统的完备性、可靠性，信用风险头寸数据的准确性、完整性，数据来源的一致性、时效性、可靠性和独立性；信用风险管理系统所用参数和假设前提的合理性、稳定性；信用风险计量方法的恰当性和计量结果的准确性；对信用风险管理政策和程序的遵守情况；信用风险限额管理的有效性；事后检验和压力测试系统的有效性；信用风险资本的计算和内部配置情况；对重大超限额交易、未授权交易和账目不匹配情况的调查。

信用社的内部审计人员应当具备相关的专业知识和技能，并经过相应的培训，能够充分理解信用风险识别、计量、监测、控制的方法和程序。内部审计力量不足的信用社，应当委托社会中介机构对其信用风险的性质、水平及信用风险管理体系进行审计。

7.4 明确农户金融信贷风险控制的政策目标

政府在正规金融机构小额信用贷款的发展中,作为制度变迁的推动者,其根本的作用在于提供促动使其有序发展的规则和机制,规范、引导和促进农户小额信贷发展。一方面,政府需要进一步推动农村金融机构的改革步伐,使得农村金融机构真正地成为农村金融市场上独立运作的参与主体,促使其走上商业可持续发展之路;另一方面,政府应该致力于推动农户信用制度的建立和农村信用环境的改善。政府可以在建立对农户公开的社会信用信息网络方面起主导的作用,通过农户信用网络的建立,减少金融机构与农户间的信息不对称问题,促进农户小额信用贷款的发展。政府规则的制定必须以促进农村金融市场机制的完善为目标,对所有进入农村金融领域的机构制定统一的标准和规范,构建有序、合理的竞争机制。

第八章 结束语

8.1 本书的不足

由于各方面因素的限制,本书尚不能就正规金融机构小额信贷运行机制及风险所涉的有关问题进行全面地研究。尚需进一步研究的问题主要包括:

(1) 对于中国的正规金融机构小额信贷而言,目前仅有农村信用社开展农户小额信用贷款,对于一般意义上中国的正规金融机构小额信贷的运行机制没有进行更深入的探讨,尤其是关于其他正规金融机构(如一般中小商业银行)开展小额信贷的相关问题没有更多地涉及,有待进一步研究。

(2) 由于中国的金融机构开展小额信贷的时间有限,以及来自农村金融机构和农户资料可得性的限制等原因,使得本书在对金融机构运行风险机制评价中缺乏一套评价指标体系与方法,将来可以深入构建相关的指标评价体系。

8.2 未来研究展望

本书中行为金融研究的对象多为个体,但是群体决策中的行为及心理表现绝对不是个体的简单叠加。认知心理与决策水平在个别情景和小组模式下表现出的是不一样的特性。那么农户群体与金融机构之间的博弈是如何的呢?本书并未进行进一步研究。同时,有关农户群体与各级政府管理部门之间的博弈的研究,也是今后需要解决的问题。

第九章 附 录

农户小额信贷调查问卷

样本编号：_____ 调查员姓名：_____ 调查时间_____

一、基本情况（样本农户基本特征及农户经济活动信息）

1. 您的家庭住址：_____省_____市_____县_____镇_____村

2. 您的年龄：_____ 性别：□男　　　　　　□女

3. 您受教育程度：

  a. 小学及以下　　b. 初中　　c. 高中　　d. 大学及以上

4. 您家人数：_____

5. 您家人均月收入：_____

  a. 1 000 元及以下　　　　b. 1 000～2 000 元

  c. 2 000～3 000 元　　　　d. 3 000～4 000 元

  e. 4 000 元以上

6. 您所在地的金融机构数量：_____

  a. 1～3 个　　b. 3～5 个　　c. 5～8 个　　d. 8～10 个

  e. 10 个以上

7. 您家收入来源：_____

  a. 种植业（种植粮食作物、经济作物）

  b. 养殖业

  c. 在本地或外地做买卖

  d. 企业单位及事业单位

  e. 私营企业

  f. 外出务工

  g. 其他

二、农户信贷需求情况分析

1. 您一般会选择何种储蓄产品：_____
   - a. 定期储蓄
   - b. 活期储蓄
   - c. 没有过多资金用于储蓄
   - d. 其他（将资金用于投资等）

2. 您的家庭储蓄存款余额为：_____
   - a. 10 000 元及以下
   - b. 10 000～30 000 元
   - c. 30 000～50 000 元
   - d. 50 000～100 000 元
   - e. 100 000 元以上

3. 如果您的经营活动需要启动资金，那么您启动资金来源的先后顺序是：_____
   - a. 自我积累
   - b. 银行或信用社贷款
   - c. 亲朋好友间相互拆借
   - d. 民间中介机构贷款
   - d. 其他来源

4. 您经营启动资金的需求额度：
   - a. 5 000 元及以下
   - b. 5 000～10 000 元
   - c. 10 000～30 000 元
   - d. 30 000～50 000 元
   - e. 50 000 元以上

5. 您希望获得的贷款金额：_____
   - a. 1 000 元及以下
   - b. 1 000～5 000 元
   - c. 5 000～10 000 元
   - d. 1 000～30 000 元
   - e. 30 000 元以上

三、影响农户信贷的因素分析

1. 您认为贷款的利率高：_____
   - a. 非常不同意　　b. 不同意　　c. 很难说　　d. 同意　　e. 非常同意

2. 您认为银行提供贷款的主要依据是您贷款的用途：_____
   - a. 非常不同意　　b. 不同意　　c. 很难说　　d. 同意　　e. 非常同意

3. 您认为银行提供贷款的审批过程复杂而严格：_____
   - a. 非常不同意　　b. 不同意　　c. 很难说　　d. 同意　　e. 非常同意

4. 您认为银行提供的服务非常主动和及时，态度热情：_____
   - a. 非常不同意　　b. 不同意　　c. 很难说　　d. 同意　　e. 非常同意

5. 您认为银行提供贷款存在家庭条件歧视问题：_____
    a. 非常不同意   b. 不同意   c. 很难说   d. 同意   e. 非常同意

6. 您认为获得银行贷款主要是靠与银行的交情：_____
    a. 非常不同意   b. 不同意   c. 很难说   d. 同意   e. 非常同意

7. 您认为银行对贷款资金用途限制很多：_____
    a. 非常不同意   b. 不同意   c. 很难说   d. 同意   e. 非常同意

8. 您认为银行的在提供农业贷款时，还款期没有考虑到农业生产的周期性：_____
    a. 非常不同意   b. 不同意   c. 很难说   d. 同意   e. 非常同意

9. 是否要抵押物：□是　　　　　□否
    是否要担保人：□是　　　　　□否

10. 您觉得针对农户开展信贷在很大程度上是一种国家扶贫政策：_____
    a. 非常不同意   b. 不同意   c. 很难说   d. 同意   e. 非常同意

11. 您认为可以的话，应尽量避免同政府、政府职能部门和机构打交道：_____
    a. 非常不同意   b. 不同意   c. 很难说   d. 同意   e. 非常同意

12. 您认为贷款从事生产经营，风险太大，能不借则不借：_____
    a. 非常不同意   b. 不同意   c. 很难说   d. 同意   e. 非常同意

13. 您觉得受农村特有的风气影响，贷款会让别人对自己的经济状况说三道四：_____
    a. 非常不同意   b. 不同意   c. 很难说   d. 同意   e. 非常同意

14. 您觉得在申请贷款时注明资金主要是用于生产性投资，更容易获得贷款：_____
    a. 非常不同意   b. 不同意   c. 很难说   d. 同意   e. 非常同意

15. 您认为必要时可以根据自己的实际情况改变贷款的初始用途：_____
    a. 非常不同意   b. 不同意   c. 很难说   d. 同意   e. 非常同意

16. 还款期将至时，您会根据其他借款人是否按时还款来决定自己的还款期：_____
    a. 非常不同意   b. 不同意   c. 很难说   d. 同意   e. 非常同意

17. 您认为获得的银行贷款必定能够物尽其用,取得收益:_____
    a. 非常不同意   b. 不同意   c. 很难说   d. 同意   e. 非常同意
18. 如果您有生活性或生产性贷款行为,没向小额信贷发放机构借贷贷款,其原因是什么?

_____

_____

参考文献

[1] Park A, Brandt L, Giles J. Competition under credit rationing: theory and evidence from rural China[J]. Journal of Development Economics, 2003, 71(2):463-495.

[2] 王冀宁,赵顺龙. 外部性约束、认知偏差、行为偏差与农户贷款困境——来自716户农户贷款调查问卷数据的实证检验[J]. 管理世界,2007(9):69-75.

[3] 熊学萍,阮红新,易法海. 农户金融行为、融资需求及其融资制度需求指向研究——基于湖北省天门市的农户调查[J]. 金融研究,2007(8):167-181.

[4] 孙学敏,赵昕. 经济不发达地区农户借贷行为的调查研究[J]. 农村经济,2007(8):61-64.

[5] 刘毅. 新农村金融需求与公共产品供给研究——基于对四川巴中农户的调查[J]. 西南民族大学学报(人文社科版),2008,29(10):82-85.

[6] 邓学衷,陈天阁. 农村金融改革:以需求为引导的供给调整[J]. 金融理论与实践,2005(12):20-22.

[7] 江曙霞,江日初,谢杰斌. 贫困农户金融服务:研究综述与展望[J]. 财经理论与实践,2007,28(6):10-15.

[8] 肖海霞. 农户金融需求与农村金融体制改革[J]. 农村经济,2004(5):73-75.

[9] 焦兵. 基于农户金融需求特点的农村金融发展模式[J]. 求索,2006(9):14-17.

[10] 何广文. 中国农村金融供求特征及均衡供求的路径选择[J]. 中国农村经济,2001(10):14-16.

[11] 蒋富珍. 农村信用社经营管理与发展的战略思路[J]. 改革与战略,2007,23(8):59-60.

[12] 周脉伏,徐进前. 信息成本、不完全契约与农村金融机构设置——从农户融资视角的分析[J]. 中国农村观察,2004(5):38-43.

[13] 叶敬忠,朱炎洁,杨洪萍. 社会学视角的农户金融需求与农村金融供给[J]. 中国农村经济,2004(8):31-37.

[14] 李锐,项海容. 基于两期生命周期模型的农户金融行为的计量分析[J]. 管理世界,2006(9):33-37.

[15] 张军. 储蓄差异及贷款需求的满足——一个经济外向型村庄农户金融活动分析[J]. 中国农村观察,2000(3):12-21.

[16] 黎乙东. 改进农村信贷服务 支持农村经济发展——对海南农村、农业和农户金融服务情况的调查[J]. 南方金融,1999(5):44-45.

[17] 李锐,朱喜. 农户金融抑制及其福利损失的计量分析[J]. 经济研究,2007(2):130-138.

[18] Rankin K N. Manufacturing rural finance in Asia:Institutional assemblages,market societies,entre preneurial subjects[J]. Geoforum,2008,39(6):1965-1977.

[19] Jones J H M. Informal finance and rural finance policy in India:historical and contemporary perspectives[J]. Contemporary South Asia,2008,16(3):269-285.

[20] Teka G T. Members' Savings Behavior and Determinants of Savings in Rural Savings and Credit Cooperatives in Alamata and Ofla Woredas of Tigray Region, Ethiopia[D]. Mekelle:Mekelle University,2008.

[21] Doepke M, Townsend R M. Dynamic Mechanism Design with Hidden Income and Hidden Actions[J]. Journal of Economic Theory, 2004, 126(1):235-285.

[22] Duffie D , Singleton K J . Credit risk : pricing, measurement, and management[J]. Economica, 2010, 72(285):181-182.

[23] Altman E I, Saunders A. Credit risk measurement:Developments over the last 20years[J]. Journal of Banking & Finance, 1997, 21(11-12):1721-1742.

[24] Lopez J A, Saidenberg M R. Evaluating credit risk models[J]. Journal of Banking & Finance, 2000, 24(1-2):151-165.

[25] 张啸川,李家军. 基于信贷风险控制的机制设计及优化选择[J]. 计算机工程与设计,2007,28(24):5991-5993.

[26] 张维迎. 博弈论与信息经济学[M]. 上海:上海人民出版社,1996.

[27] 郭志刚. 社会统计分析方法—spss 软件应用[M]. 北京:中国人民大学出版社,1999.

[28] 侯杰泰,温忠麟,成文娟. 结构方程模型及其应用[M]. 北京:教育科学出版社,2004.

致　谢

拙作即将面世，回望写作过程，心潮澎湃、百感交集。首先要感谢河海大学商学院赵永乐教授在本人攻读博士学位期间给予的悉心教导。感谢南京工业大学经济与管理学院王冀宁教授、陈庭强教授提供了很多实证研究方面的帮助。感谢南京工业大学潘志颖、钟平、王晓明、蒋晓宇、邢金海、夏逸、吉沐健、靖晶、唐洁等同学，他们利用暑假返乡的机会开展了深入细致的农户调查。感谢宋琪楠、牛哲同学在书稿修改、排版中给予的帮助。

本书得以顺利出版，要感谢河海大学出版社朱婵玲社长给予的大力支持。

由于本人水平所限，本书一定存在不少疏漏甚至不当之处，敬请读者批评指正。

童毛弟

2018 年 9 月 10 日